KB063489

어른의 어휘 공부

마무리하다

나의 말과 글이

특별해지는

많다 술하다 허다하다 수두룩하다 비일비재하다 하고많다 하고하다 천지만지하다

마무리하다 매조지다 타결하다 매듭짓다 완결하다

모름지기 마땅히 으레 응당

어른의 어휘 공부

신효원 지음

어휘의 빈곤을 채워

내 삶의 밀도를 높이는 법

웃다 가가대소하다 시실시실하다 해죽하다 키들키들하다 상그레하다 생그레하다 파안대소하다

책장속
BOOKS

어휘의 빈곤을 채워 내 삶의 밀도를 높일 수 있기를

내 눈에 들어온 세상을 얼마나 섬세하게 언어로 표현할 수 있을까?

내 생각과 감정과 느낌을 얼마나 밀도 높게 설명할 수 있을까?

우리 모두에게는 자신의 이야기를 풀어놓고 싶은 욕망이 있다. 내 머릿속 무형의 생각과 감정들 그리고 내가 보는 세상을 언어의 모습으로 꺼내 보고 싶은 것이다. 닳고 닳은 어휘들을 너절하게 나열해 축 처진 이야기를 하고 싶지는 않다. 그러나 편안하고 익숙한 단어만을 반복적으로 쓰다 보니 어느샌가 우리의 어휘력은 옹색해졌고, 그 탓에 말과 글은 매력을 잃고 지루해져 버렸다.

우리의 언어 세상을 몇 안 되는 단어가 독식하고 있다. '숱하고 허다하며 수많으며 수두룩하고 비일비재하며 하고많고 흔전만전하다'로 말할 수 있는 상황과 대상은 '정말 많고, 너무 많고, 진짜 많고, 좀 많다'로 뭉뚱그려 모습을 드러낸다. 부사 한두 개로 농도만 달리한 우리의 언어 세계는 종일 요동치는 생각과 감정, 그리고 눈에 들어온 세상을 잿빛 단 하나의 색으로 덮어 버린 듯하다. 나와 상대가 적당히 이해했으면 그만이지 싶지만, 늘 쓰던 단어는 낡아서 생동감을 잃었고 머리 한구석에서 먼지만 뒤집어쓴 단어들은 곧 사라질 것 같아 조마조마하다.

이 밋밋하고 쪼그라든 어른들의 무채색 언어 세계에 갖가지 색을 칠하고 생기를 불어넣어야겠다. 말과 글에 형형색색의 옷을 입히고 장막 속에 갇혀 있던 어휘를 들어내어 위축된 우리의 언어 세계를 넓혀 봐야겠다. 이제, 어휘의 빈곤을 채울 때이다.

이 책은 '한국인들이 반복적으로 쓰는 어휘를 어떻게 하면 다양하고 생동감 있게 바꿀 수 있을까?'라는 질문에서 출발했다. 어휘력을 키우기 위해 책과 사전을 가까이하라지만 무작정 이들을 뒤적여 본다고 어휘력은 늘지 않는다. 다채로운 어휘를 적재적소에 사용해서 나의 말과 글이 주목을 받았으면 좋겠다. 어떻게 해야 할까?

해답은 우리가 반복적으로 꺼내 쓰는 어휘를 다양하게 바꾸어 써 보는 것에 있다. 이를 위해서는 우리의 언어 세계를 독식하고 있는 어휘를 대신할 여러 유의어들을 찾아보고 이리저리 바꿔 써 봐야 한다.

어휘력을 늘려 언어의 세계를 넓혀 보고 싶은 모든 이들에게 이 책이 유용하게 활용되기를 바라며, 이 책에서는 한국인이 흔히 사용하는 동사, 형용사, 부사, 명사를 선정하여 이 단어들의 유의어를 다양하게 싣고자 했다. 이를 위해 국립국어원의 말뭉치와 현대 국어 사용 빈도수 조사 결과를 참조하여 50여 개의 대상 단어를 우선 선정했고 이들의 유의어를 수록했다. 유의어를 정하는 데 있어 표준국어대사전과 고려대 한국어 사전, 그리고 한국어 기초사전을 활용했으며 국립국어원의 말뭉치와 웹검색을 통해 실생활에 두루 사용할 수 있는 어휘를 신중하게 골라냈다. 일상생활에서 자주 사용할 수 있다고 판단되는 어휘는 한자어와 순우리말을 가리지 않고 담았으나 가능하면 순우리말의 비중을 높이려고 애썼다. 그리고 쉽게 이해하고 적용할 수 있도록 유의어는 문장을 통해 제시하고 설명했다.

또한 이 책의 각 장은 어휘와 관련된 일상의 기억과 이야기들로 시작한다. 어른이 된 우리가 어휘 공부를 해 보겠다고 마음을 먹은 것은 무엇보다도 우리 삶의 이야기를 밀도 높게 풀어내고 싶다는 열망 때문일 것이다. 그렇기에 어휘에 담긴 우리의 시간을 함께 펼쳐 보며, 평범한 일상이 어휘들의 향연으로 얼마나 풍성하게 표현될 수 있는지 독자들과 함께 느끼고자 했다.

　원고를 쓰던 지난 1년간은 50여 개의 어휘에 묻어 있는 내 지난 일상의 조각을 찾는 시간이자, 기억 곳곳에 잠들어 있던 어휘의 흔적을 톺아보는 시간이었다. 이제, 나와 고군분투했던 어휘들과 작별 인사를 할 때이다. 이 어휘들이 별 볼 일 없던 나의 지난 시간과 시르죽어 있던 생각들을 찬란하게 되살려 놓았듯, 독자들의 삶의 한 장면 한 장면도 눈부시게 밝혀 줄 수 있기를 바란다.

신효원

목차

··· ㅁ ···

··· ㅂ ···

··· ㅅ ···

··· ㅇ ···

일러두기

* 한국인이 흔히 사용하는 단어는 국립국어원의 말뭉치와 현대 국어 사용 빈도수 조사 결과를 참조하여 선정했습니다.

* 선정된 단어는 빈도순에 따른 것이 아님을 밝힙니다.

* 해당 단어의 유의어는 표준국어대사전과 고려대 한국어 사전, 그리고 한국어 기초사전을 참조했으며, 국립국어원의 말뭉치와 웹 검색을 통해 실생활에 두루 사용할 수 있는 어휘를 선정했습니다.

* 일상생활에서 흔히 사용할 수 있다고 판단되는 어휘는 한자어와 순우리말을 가리지 않고 담았으나, 가능하면 순우리말의 비중을 높이고자 했습니다.

ㄱ ㄴ

ㄷ

감싸다

'감싸다'를 대신할 수 있는 단어에는 무엇이 있을까?

---

*   자식을 무조건 □□□□ 제대로 크지 못한다.
*   그는 상황을 파악하기도 전에 일단 친구를
  □□□□ 나섰다.
*   경찰이 오히려 가해자 측을 □□□□ 나서서
  논란이 일고 있다.
*   A 기자는 비리에 연루된 정치인을 □□□□
  기사를 써 비판을 받고 있다.

이렇게 많고 많은 사람 중에 내 편 하나 없다는 생각에 문득 서러워질 때가 있다. 이유를 불문하고 그저 괜찮다고, 누가 뭐래도 나는 네 편이라고 말해 주는 이 하나만 있어도 별일 아닌 양 툴툴 털고 씩씩하게 살아갈 수 있을 것 같다.

'감싸다'는 전체를 둘러서 싼다는 뜻으로 남의 흉이나 허물을 덮어줄 때, 편을 들어 누군가를 두둔할 때 쓴다. 남의 허물을 무턱대고 두둔하는 것이 환영받을 일은 아니라는 것을 알면서도 나를 감싸 주는 누군가가 있었으면 좋겠다고 생각한다. 나도 기댈 구석이 있다고, 내 편이 있다고 의기양양하게 으스대면 어쩐지 힘이 날 것만 같다.

자식을 무조건 감싸면 제대로 크지 못한다.

… 내 아이가 잘못했다손 치더라도 아이의 역성을 들어 주고 싶은 게 부모 마음일까. 다 큰 자식이어도 부모 눈엔 늘 안쓰럽고 가엾게 보여, 으레 감싸 줘야만 할 것 같다. '잘못했는데도 감싸 주고 두둔하다', '가엾게 여기어 도와주다'라는 뜻의 '두남두다'는 자식을 언제 어디서건 두둔하고 감싸는 상황에 어울리는 단어다. '자식을 무조건 두남두면 제대로 크지 못한다', '할머니가 손주를 너무 예뻐한 나머지 두남두기만 하다가 아이 버릇이 나빠졌다'와 같이 쓴다.

그는 상황을 파악하기도 전에 일단 친구를 <u>감싸고</u> 나섰다.

… 잘했든 못했든 좌우지간 친구 편에 서고 싶다. 조언이랍시고 이러쿵저러쿵 뭐가 잘못되었다는 재단질은 잠시 덮어 두고 말이다. 여기에서는 오롯이 감싸 주고 편을 들어 지킨다는 뜻의 '옹호하다'가 '감싸다'의 자리를 대신할 수 있겠다.

경찰이 오히려 가해자 측을 <u>감싸고</u> 나서서 논란이 일고 있다.

… 세상 이보다 더 억울한 일이 있을까. 경찰이 가해자를 감싸고 있다. 잘못을 저지른 쪽을 싸고돈다는 건 옳고 그름과 관계없이 그저 한쪽 편을 들어 줬다는 말이다. 여기에서는 '편을 들어 감싸 주고 역성을 들어 주다', '잘못을 감싸 주다'는 뜻의 '두둔하다'가 어울린다. '경찰이 오히려 가해자 측을 두둔하고 나서서 논란이 일고 있다'와 같이 쓰면 되겠다.

A 기자는 비리에 연루된 정치인을 <u>감싸는</u> 기사를 써 비판을 받고 있다.

… '감싸다'와 바꾸어 쓸 수 있는 또 다른 단어로 '비호하다'가 있다. '비호하다'는 편을 들어서 감싸 주고 보호한다는 뜻이다. 이 문장에서는 'A 기자는 비리에 연루된 정치인을 비호하는 기사를 써서 비판을 받고 있다'라고 바꾸어 쓸 수 있겠

다. '비호하다'는 '독재 정권을 비호한 그의 발언을 용납할 수 없다', 'FBI는 사이버 범죄를 비호하고 나선 러시아에 경고를 했다'와 같이 사용한다. '비호하다'는 대체로 부정적인 대상을 감싸고 보호하려고 할 때 쓴다.

✲ 유의어 사전 ✲

○ 두남두다 : 잘못을 두둔하다

○ 옹호하다 : 두둔하고 편들어 지키다

○ 두둔하다 : 편들어 감싸 주거나 역성을 들어 주다

○ 비호하다 : 편들어서 감싸 주고 보호하다

* 자식을 무조건 두남두면 제대로 크지 못한다.

* 그는 상황을 파악하기도 전에 일단 친구를
  옹호하고 나섰다.

* 경찰이 오히려 가해자 측을 두둔하고 나서서
  논란이 일고 있다.

* A 기자는 비리에 연루된 정치인을 비호하는 기사를
  써 비판을 받고 있다.

:2:
고치다

'고치다'를 대신할 수 있는 단어에는 무엇이 있을까?

✳   왜곡된 역사는 시급히 □□□□□ 한다.

✳   비뚤어진 옷깃을 □□□□ 집을 나섰다.

✳   편견을 부추기는 광고 내용을 □□□□□ 요구가
     빗발치고 있다.

✳   K 신문사는 잘못 보도된 기사 내용을 □□□□.

✳   계획서 방향 자체가 틀렸어요. 지금 바로 □□□□
     할 것 같은데요.

시험을 보고 난 뒤, 고3의 쉬는 시간은 정답을 확인하느라 늘 술렁였다.

"1번 답 뭐야?"

"3번! 3번이야."

탄식과 환호성이 동시에 울려 퍼지는 순간, 후회와 안도의 간극은 쉬는 시간이 끝날 때까지 팽팽하게 평형을 이루었다. 답안을 고칠 기회가 끝나 버렸다는 사실에 안타까움은 순식간에 불어나 나를 사납게 덮치곤 했다. 정답을 고쳐 써서 되레 틀린 답으로 만들어 버렸을 때는 마음 여기저기가 쿵쾅거리기도 했다. 성난 자책이 마음 구석구석을 포악하게 밟고 돌아다니기 시작한 것이다.

시험처럼 정답이 있는 경우라면 그나마 낫다. 정답도 오답도 없는 세상사를 두고, 틀렸으니 고치라는 말을 들을 때면 무엇을 어떻게 바로잡으라는 것인지 그저 아득해질 뿐이다. 살아가면서 마주하는 정답 없는 '틀림'을 대체 어떻게 고치란 말인가.

'잘못되거나 틀린 것을 바로잡다'라는 뜻의 '고치다'. 이를 대체할 수 있는 단어에는 무엇이 있을까?

왜곡된 역사는 시급히 고쳐야 한다.

… 왜곡된 역사는 이유와 상황을 불문하고 하루 속히 고쳐야

한다. 그릇된 일을 바르게 만들거나 잘못된 것을 올바르게 고쳐야 할 때 '바로잡다'라는 단어를 써 보자. '자세/위치를 바로잡다', '마음/습관/정신/질서 등을 바로잡다'와 같이 흔히 쓰인다. 여기에서는 '왜곡된 역사는 시급히 바로잡아야 한다'로 쓰면 되겠다.

비뚤어진 옷깃을 <u>고치고서</u> 집을 나섰다.

… 급하게 집 밖을 나온 날에는 차창에 비치는 내 모습을 보며 옷매무새를 고치곤 한다. 비뚤어지거나 구부러지지 않도록 바르게 할 때 '바루다'라는 단어를 쓴다. '비뚤어진 옷깃을 바루고서 집을 나섰다'로 바꿀 수 있다.

편견을 부추기는 광고 내용을 <u>고치라는</u> 요구가 빗발치고 있다.

… 잘못된 것을 바르게 고친다는 뜻의 또 다른 단어로 '시정하다'가 있다. '시정하다'는 관행이나 잘못, 제도 등을 고칠 때 주로 사용한다. '편견을 부추기는 광고 내용을 시정하라는 요구가 빗발치고 있다'로 쓰면 되겠다.

    K 신문사는 잘못 보도된 기사 내용을 <u>고쳤다</u>.

⋯ 글자, 글, 말 등의 잘못된 곳을 고쳐서 바로잡을 때는 '고치다'를 '정정하다'로 바꾸어 쓸 수 있다. '정정하다'는 글자나 내용, 말, 숫자 등이 잘못 표기되어 그것을 고칠 때 주로 사용한다. '서류에 오탈자가 있으니 정정해 주세요'가 그 예이다. 여기에서는 'K 신문사는 잘못 보도된 기사 내용을 정정했다'와 같이 바꾸어 쓸 수 있겠다.

    계획서 방향 자체가 틀렸어요. 지금 바로 <u>고쳐야</u> 할 것
    같은데요.

⋯ 잘못된 것을 바로잡거나 다듬어서 바르게 고쳐야 할 때 '수정하다'라는 단어를 떠올릴 수 있다. '수정하다'는 보통 '목표/문제점/법안/방향'이 잘못되었을 경우, 그것을 고칠 때 사용한다. '계획서 방향 자체가 틀렸어요. 지금 바로 수정해야 할 것 같은데요'와 같이 쓰면 되겠다.

⁎⁎ 유의어 사전 ⁎⁎

○ 바로잡다 : 그릇된 일을 바르게 만들거나 잘못된 것을 올 바르게 고치다

○ 바루다 : 비뚤어지거나 구부러지지 않도록 바르게 하다

○ 시정하다 : 잘못된 것을 바르게 고치다

○ 정정하다 : 글자, 글, 말 등의 잘못된 곳을 고쳐서 바로잡다

○ 수정하다 : 잘못된 것을 바로잡거나 다듬어서 바르게 고 치다

⁎ 왜곡된 역사는 시급히 바로잡아야 한다.

⁎ 비뚤어진 옷깃을 바루고서 집을 나섰다.

⁎ 편견을 부추기는 광고 내용을 시정하라는 요구가 빗발치고 있다.

⁎ K 신문사는 잘못 보도된 기사 내용을 정정했다.

⁎ 계획서 방향 자체가 틀렸어요. 지금 바로 수정해야 할 것 같은데요.

:2: 고치다

·3·

나서다

'나서다'를 대신할 수 있는 단어에는 무엇이 있을까?

---

* 적극적인 건 좋긴 한데 가리지 않고 어디든 □□□
  욕먹기 딱 좋아.

* 이건 내 문제야. 내가 알아서 해결할 테니까 □□□□ 마.

* 상민이는 어른들이 하는 일에 □□□□□□□
  결국 혼이 나고 말았다.

* 둘 사이에 섣불리 □□□□□ 일을 그르칠 수
  있으니 일단 모르는 척해.

* 나도 이제 어른인데 부모님이 내 일에 일일이
  □□□□□ 게 싫어.

"그렇게 눈치를 줬는데도 낄끼빠빠 모르고 저러는 거 정말 주책이에요."

나를 비켜 가는 주제인 양 태연한 척하지만, 후배들과 이런 이야기가 오갈 때면 일순 내 머릿속은 분주해진다. 낄끼빠빠도 모르고 나서서 설쳐댄 적은 없었는지 두서없이 쌓아둔 기억 더미를 한바탕 헤집고 나서야 안도한다.

낄 때 끼고 빠져야 할 때 빠져야 한다는 '낄끼빠빠'. 상황이나 상대에 대한 꽤나 세밀한 주의력과 관찰이 필요한 능력이다. 좀 나서 봐야겠다 싶어 끼어들면 쓸데없이 참견 많은 이가 되기 십상이고, 좀 멈칫거리다 보면 고사이 냉담한 방관자가 되어버린다. 같은 일에 대한 생각이 서로 어찌나 다른지, 나는 아직도 '낄끼빠빠' 최적의 타이밍을 잘 모르겠다.

'어떤 일을 적극적으로 시작하다', '가로맡거나 간섭하다'라는 뜻을 갖는 '나서다'와 바꾸어 쓸 수 있는 말에는 어떤 단어들이 있을까?

적극적인 건 좋긴 한데 가리지 않고 어디든 <u>나서면</u> 욕먹기 딱 좋아.

… 뭐든 지나치지 않은 상태가 좋다. 적극적인 자세는 좋지만 아무 데나 다 나서서 이러쿵저러쿵 참견하는 건 그다지 모양새가 좋아 보이지 않는다. 여기에서의 '나서다'는 자신이 필

요하지 않은 곳에까지 나섰다는 것으로 '냅뜨다'로 바꿔쓸 수 있다. '냅뜨다'는 '힘차게 어떤 일에 앞질러 나서다' 또는 '관계도 없는 일에 참견하며 나서다'라는 뜻을 가진다. 어디든 냅뜨면 욕먹기 딱 좋긴 하다.

이건 내 문제야. 내가 알아서 해결할 테니까 <u>나서지 마</u>.

… 사춘기 때였던가. 걸핏하면 "내가 알아서 할 거라니까!"라고 소리를 빽 지르며 문을 쾅 닫고 방으로 들어갔더랬다. 간섭받고 참견받는 걸 좋아하는 사람은 없겠지만, 아마도 '사춘기'라는 어두컴컴한 터널을 통과하고 있는 아이들이 가장 싫어하는 단어가 '간섭하다', '참견하다'가 아닐까. 이 단어들에 들어앉은 '부당하고도 쓸데없이'라는 뜻이 이들 단어에 대한 거부감을 극대화한 듯하다. 남의 일에 부당하게 참견한다는 뜻의 '간섭하다'와 관계없는 일이나 말에 끼어들어 쓸데없이 아는 체하거나 이래라저래라하는 '참견하다'가 '나서다' 자리에 올 수 있겠다.

상민이는 어른들이 하는 일에 <u>나서다가</u> 결국 혼이 나고 말았다.

… 붙임성이 좋은 것을 넘어서 어른들의 일에 자꾸 참견한 모

양이다. 위 문장에서는 '무슨 일에나 자꾸 가리지 않고 참견하다'라는 뜻의 '덥적덥적하다'가 '나서다'를 대신할 수 있겠다. '덥적덥적하다'는 '참견하다'라는 뜻 외에도 '남에게 자꾸 붙임성 있게 굴다'라는 뜻도 가진다. 그러고 보니 참견과 붙임성이 좋은 것은 그 경계가 모호한 것도 같다.

둘 사이에 섣불리 나섰다가 일을 그르칠 수 있으니 일단
모르는 척해.

… 셋이라는 숫자는 관계에서 종종 문제를 일으킨다. 어쩐 일인지 학창 시절에는 주로 셋이 어울려 다녔다. 그러다 그중 둘 사이가 나빠지면 남은 한 명은 난처하기 짝이 없다. 어색한 공기를 부유하다 둘 사이를 해결해 보겠다고 어쭙잖게 끼어들어 보지만, 별 소득이 없거나 숫제 다신 섞일 수 없는 이질적인 모래알이 되어 각각 흩어져 버릴 때도 있었다. 자신과 직접적인 관계가 없는 문제에 끼어든다는 뜻의 '개입하다' 역시 '나서다'와 자리바꿈할 수 있는 말이다. 둘 사이의 문제에 개입했다가 일을 그르칠 수 있으니 모르는 척하는 것도 한 방법이겠다.

나도 이제 어른인데 부모님이 내 일에 일일이 나서시는 게 싫어.

… 남의 일에 끼어들거나 간섭해서 참견한다는 뜻의 '간여하다'가 있다. '남의 일에 간여하다', '남의 사생활에 간여하다', '내가 간여할 일이 아니다' 등과 같이 사용할 수 있다. '간여하다'와 유사해 보이는 '관여하다'가 있는데, '관여하다'는 내가 주도해서 어떤 일에 직접 관계하여 참여한다는 뜻으로 남의 일에 간섭하는 '간여하다'와는 구별해 사용할 필요가 있다.

✲ 유의어 사전 ✲

○ 냅뜨다 : 관계도 없는 일에 참견하며 나서다

○ 간섭하다 : 직접 관계없는 남의 일에 부당하게 참견하다

○ 참견하다 : 자기와 별로 관계없는 일과 말에 끼어들어 쓸데없이 아는 체하거나 이래라저래라하다

○ 덥적덥적하다 : 무슨 일에나 자꾸 가리지 않고 참견하다

○ 개입하다 : 자신과 직접적인 관계가 없는 일에 끼어들다

○ 간여하다 : 어떤 일(남의 일)에 간섭하여 참여하다

* 적극적인 건 좋긴 한데 가리지 않고 어디든 냅뜨면 욕먹기 십상이야.

* 이 문제는 내가 알아서 해결할 테니까 간섭하지 / 참견하지 마.

* 상민이는 어른들이 하는 일에 덥적덥적하다가 결국 혼이 나고 말았다.

* 둘 사이에 섣불리 개입했다가 일을 그르칠 수 있으니 일단 모르는 척해.

* 나도 이제 어른인데 부모님이 내 일에 일일이 간여하시는 게 싫어.

: 4 :

낡다

'낡다'를 대신할 수 있는 단어에는 무엇이 있을까?

* 점원은 □□□ 옷차림의 손님을 못 본 체했다.

* 이 옷을 보면 떠오르는 추억이 많아서
  □□□□□□ 버릴 수가 없네.

* 이 운동화는 이미 심하게 □□□ 더 신을 수가
  없다.

* 지하실 구석에서 □□□□ 책 뭉텅이가 나왔다.

내 잠옷의 목은 늘어났고 팔꿈치와 무릎 부분은 닳아서 어정쩡하게 부풀어 있다. 낡아서 금방이라도 구멍이 날 것 같은데 버릴 생각은 없다. 이만큼 편한 옷은 없을 것 같아서다.

"라떼는 말이야." 케케묵은 생각인 줄도 모르고 자기의 경험이 세상 전부인 양 가르치려 드는 꼰대를 두고 생긴 우스갯소리다. 한때는 새것이었던 잠옷이 너절해진 것처럼 생각도 시간이 지나면 남루해질 것이다. 여기저기 해지고 낡아빠진 잠옷을 버리지 못하고 있는 것처럼 나의 바랜 생각도 내버리지 못하고 있는 건 아닐까. 낡은 줄도 모르고 내 말이 맞는다고, 내 말대로 하라고 어느샌가 심술을 부리고 있지나 않을까, 문득 걱정이 앞선다.

내 오랜 믿음이 별 볼 일 없는 것으로 탄로 날까 봐 꼬장꼬장하게 붙들고 있는 꼰대만은 되고 싶지 않다. 그리하여 생각도 낡으면 물건처럼 신호를 보내 주면 좋겠다. 해지거나 구멍이 나는 것처럼.

'물건 따위가 오래되어 헐고 너절하게 되다', '생각이나 제도, 문물 따위가 시대에 뒤떨어지다'라는 뜻의 '낡다'와 유사한 단어에는 어떤 것이 있을까?

점원은 낡은 옷차림의 손님을 못 본 체했다.
… 상식적으로 생각해 보면 옷이 낡았으니 새 옷이 필요하고

그러니 옷을 사러 간 것일 텐데 이상하게도 낡은 옷을 입은 사람은 새 옷을 사지 않을 것 같은 느낌을 풍기나 보다. 옷이 낡고 옷차림이 너저분하다는 뜻의 '남루하다'가 있다. '점원은 남루한 옷차림의 손님을 못 본 체했다'와 같이 바꾸어 쓸 수 있겠다.

> 이 가방을 보면 떠오르는 추억이 많아서 **낡았지만** 버릴
> 수가 없네.

… 물건을 오래 쓰면 여기저기 닳아 낡고 허름해지는 것은 어쩔 수 없다. 낡을수록 함께 보낸 시간은 많아져서 그만큼 물건에도 추억이 쌓이고, 그러다 보니 버리려면 괜히 머뭇거리게 된다. 허름하고 지저분하다는 뜻의 '너절하다'라는 단어가 있다. '이 가방을 보면 떠오르는 추억이 많아서 너절해졌지만 버릴 수가 없네'와 같이 써 보자.

> 이 운동화는 이미 심하게 **낡아서** 더 신을 수가 없다.

… 어떤 물건을 오래, 많이 사용해서 닳아서 떨어졌을 때 사용할 수 있는 단어가 있다. 바로 '해지다'이다. '이 운동화는 이미 심하게 해져서 더 신을 수가 없다'와 같이 바꾸어 쓰면 되겠다.

지하실 구석에서 낡은 책 뭉텅이가 나왔다.

… 몇 달 전 창고 정리를 하다가 금방이라도 풀썩 주저앉을 것 같은 낡은 공책 더미를 발견했다. 중고등학교 때 썼던 일기장 뭉텅이였다. 이십 년도 넘은 공책 더미는 누렇게 변해 있었다. 물건 따위가 아주 오래되어 낡았을 때 '케케묵다'라는 단어를 쓴다. '케케묵다'는 물건이 오래되었을 때뿐만 아니라 '일 지식 따위가 아주 오래되어 시대에 뒤떨어지다'라는 뜻으로도 쓴다. 이 경우에는 '생각, 표현, 행동 따위가 낡아서 새롭지 못하다'라는 뜻을 지닌 '진부하다'도 사용할 수 있다. '그는 야심차게 새 작품을 내놓았지만 진부하다는 평가를 받았다'와 같이 쓸 수 있다.

⁂ 유의어 사전 ⁂

- 남루하다 : 옷이 낡고 옷차림이 너저분하다
- 너절하다 : 허름하고 지저분하다
- 해지다 : 닳아서 떨어지다
- 케케묵다 : 물건 따위가 아주 오래되어 낡다 / 일, 지식 따위가 아주 오래되어 시대에 뒤떨어지다
- 진부하다 : 생각, 표현, 행동 따위가 낡아서 새롭지 못하다

* 점원은 남루한 옷차림의 손님을 못 본 체했다.
* 이 옷을 보면 떠오르는 추억이 많아서
너절해졌지만 버릴 수가 없네.
* 이 운동화는 이미 심하게 해져서 더 신을 수가 없다.
* 지하실 구석에서 케케묵은 책 뭉텅이가 나왔다.

:ㅎ:

느리다

'느리다'를 대신할 수 있는 단어에는 무엇이 있을까?

* 김 대리와 프로젝트를 같이 하면 늘 일이 □□□ 진행된다.

* 늦었다고 소리를 쳤지만, 그의 □□□□□ 걸음은 빨라지지 않았다.

* 어찌나 말을 □□□□ 하는지 한참을 기다려도 다음 말이 안 나와.

* 민철이는 뭘 하든 행동이 □□□□ 보기만 해도 답답하다.

* 이번 신입사원들은 업무 처리가 유독 □□□.

중학교 때였던가. 유독 느린 친구가 있었다. 그 친구는 아무리 늦어도 서두르는 법이 없었다. 학생 주임 선생님의 서슬 오른 눈빛도 그 친구의 걸음을 재게 할 수는 없었다. 냉큼 교문을 통과하라고 내젓는 선생님의 허공 속 손짓이 무안스레 느껴질 만큼 친구는 빙그레하며 느짓하게 걸어왔다. 만날 유유하게 학교를 오고 가던 그 친구는 어른이 되어서도 여유를 부리며 살아가고 있을까. 그럴 수 있었을까. 별안간 궁금해졌다.

'느리다'는 '어떤 동작을 하는 데 걸리는 시간 또는 어떤 일이 이루어지는 과정이나 기간이 길다'라는 뜻을 지닌다. '느리다'와 갈음할 수 있는 단어에는 무엇이 있을까?

김 대리와 프로젝트를 같이 하면 늘 일이 <u>느리게</u> 진행된다.
… 유독 일 처리가 느린 사람이 있다. 여유로운 성격 때문인지 일에 서툴러서인지 모르겠지만, 어쨌거나 이런 사람과 함께 일을 하면 아무래도 일 진행이 잘 안 된다. 이 상황에서는 '어떤 움직임이나 일에 걸리는 시간이 오래다'라는 뜻의 '더디다'를 쓸 수 있겠다. '김 대리와 프로젝트를 같이 하면 늘 일이 더디게 진행된다'로 바꿀 수 있다.

늦었다고 소리를 쳤지만, 그의 느린 걸음은 빨라지지
않았다.

… 이번에는 '느릿느릿하다'를 떠올려 보자. '느릿느릿하다'는
'동작이 재지 못하고 매우 느리다'라는 뜻이다. 늦었다고 소
리를 치는데도 느릿느릿한 걸음이 빨라지지 않는다면 보고
있는 사람의 마음이 얼마나 답답할까?

어찌나 말을 느리게 하는지 한참을 기다려도 다음 말이
안 나와.

… 말이나 행동이 퍽 느리다는 뜻의 '느짓하다'가 있다. 어떤
상황에서도 느짓하게 행동하는 사람을 보면 그 여유로움에
부럽기도 하고 한편으론 답답하기도 하다. '어찌나 말을 느
짓하게 하는지 한참을 기다려도 다음 말이 안 나와'라고 바
꿔 보자.

민철이는 뭘 하든 행동이 느리니까 보기만 해도 답답하다.

… 행동이 느려 답답함을 느꼈다면 '굼뜨다'라는 단어를 말
해 보자. '굼뜨다'는 '동작, 진행 과정 따위가 답답할 만큼 매
우 느리다'라는 뜻으로 행동이 느리다는 뜻에 답답하다는
의미가 더해졌다. '민철이는 뭘 하든 행동이 굼뜨니까 보기

만 해도 답답하다'로 쓰면 답답하다는 심정이 더 강하게 와 닿는다.

　이번 신입사원들은 업무 처리가 유독 <u>느리다</u>.

… 신입사원은 업무에 익숙하지 않으니 일에 속도가 붙기까지 시간이 걸릴 것이다. 동작이 둔하고 느리다는 뜻의 '머줍다'라는 단어가 있다. '머줍다'는 어떤 일에 익숙하지 않아 빠르게 일을 처리하지 못하는 상황에 잘 어울린다. '이번 신입사원들은 업무 처리가 유독 머줍다'로 써 보자. '머줍다'는 '머줍어', '머줍으니'와 같이 활용한다.

❊ 유의어 사전 ❊

- 더디다 : 어떤 움직임이나 일에 걸리는 시간이 오래다
- 느릿느릿하다 : 동작이 재지 못하고 매우 느리다
- 느짓하다 : 말이나 행동이 퍽 느리다
- 굼뜨다 : 동작, 진행 과정 따위가 답답할 만큼 매우 느리다
- 머줍다 : 동작이 둔하고 느리다

* 김 대리와 프로젝트를 같이 하면 늘 일이 더디게 진행된다.

* 늦었다고 소리를 쳤지만, 그의 느릿느릿한 걸음은 빨라지지 않았다.

* 어찌나 말을 느짓하게 하는지 한참을 기다려도 다음 말이 안 나와.

* 민철이는 뭘 하든 행동이 굼뜨니까 보기만 해도 답답하다.

* 이번 신입사원들은 업무 처리가 유독 머줍다.

:5: 느리다

도와주다

'도와주다'를 대신할 수 있는 단어에는 무엇이 있을까?

∙∙∙

* 정부는 중소기업이 제품개발에 집중할 수 있도록
  재정적으로 □□□□ 것이다.

* 보이스피싱 피해자들을 □□□ 수 있는 방법을
  찾고 있다.

* 부모가 □□□ 주지 않으면 집을 사기가 어려운
  시대이다.

* 박 씨는 요즘 김 후보를 □□□□ 다닌다.

* 내가 어려운 일이 있을 때마다 항상 □□□ 친구는
  수민이다.

＊   한미 양국은 북핵 문제와 관련하여 서로 긴밀하게
　　　□ □ □ 필요가 있다.

믹스커피 봉지를 뜯어 종이컵에 쏟아부었다. 종이컵에 뜨거운 물을 따르자 커피 알갱이는 느긋하게 몸을 풀기 시작했다. 급한 대로 손에 쥐고 있던 커피 봉지로 알갱이의 남은 흔적을 서둘러 지우려는데 어디선가 익숙한 목소리가 들렸다.

"전에도 보니까 그러더니. 커피 봉지에 환경호르몬이 얼마나 많이 붙어 있는데. 종이컵에 뜨거운 물 붓는 것도 되게 안 좋아요. 그러니까 안색이 이렇지."

상대를 '도와주고' 싶다는 마음에서 출발한 오지랖이 욕을 먹는 이유는 아마도 이 선의의 저변에는 내 말이 다 맞는다는 우월감이 깔려 있기 때문일 것이다. 게다가 이 우월감은 상대의 감정 따윈 아랑곳하지 않고 고집스럽게 돌진하기에 밉살스럽기만 하다.

'오지랖'의 사전적 정의는 '윗도리에 입는 겉옷의 앞자락'이다. 옷자락이 넓으면 속에 입은 옷을 다 덮어버리게 되니 '오지랖이 넓다'는 주제넘게 남의 일에 간섭한다는 뜻을 갖게 된 것이다. 넓은 오지랖으로 간섭하지 않고 포용하고 배려하며 도와줄 수는 없을까.

도와준다는 것은 남을 위해 애써 준다는 뜻이다. '도와주다'의 뜻을 갖는 또 다른 단어에는 무엇이 있을지 알아보자.

　정부는 중소기업이 제품개발에 집중할 수 있도록
　재정적으로 도와줄 것이다
⋯ 이 문장에서는 '도와주다' 자리에 '뒷받침하다'가 올 수 있다. '뒷받침하다'는 '뒤에서 지지하고 도와주다'라는 뜻으로 '정부는 중소기업이 제품개발에 집중할 수 있도록 재정적으로 뒷받침할 것이다'라고 바꾸어 쓸 수 있다.

　보이스피싱 피해자들을 도와줄 수 있는 방법을 찾고 있다
⋯ 어려움에 처한 사람을 도와줄 때 쓰는 단어가 있다. '구제하다'이다. '구제하다'는 자연적인 재해나 사회적인 피해를 당해 어려운 처지에 있는 사람을 도와준다는 뜻이다. '보이스피싱 피해자들을 구제할 수 있는 방법을 찾고 있다'와 같이 쓸 수 있겠다.

　부모가 도와주지 않으면 집을 사기가 어려운 시대이다
⋯ 집값이 올라도 너무 올랐다. 제아무리 월급을 알뜰살뜰 모

아 대출을 받아도 아무런 도움을 받지 않고서는 집을 사기 어려워졌다. '힘을 써서 도와주다'라는 뜻의 '조력하다'라는 단어가 있다. 이 단어는 '가정 형편이 어려운 학생들을 조력할 방법을 모색해야 한다', '부모가 조력해 주지 않으면 집을 사기가 어려운 시대가 왔다'와 같이 사용할 수 있다.

박 위원은 요즘 김 후보를 도와주며 다닌다

… 선거 때 특정 후보를 지지하고 도와준다는 것은 그 후보의 공약이나 비전이 자신이 바라는 바와 같기 때문일 것이다. 이 경우 '찬조하다'라는 단어를 생각해 볼 수 있다. '찬조하다'는 '어떤 일의 뜻을 같이하여 도와주다'라는 뜻을 가진다. '김 화백은 사회적 약자를 위한 이번 전시회에 자신의 작품 십여 점을 찬조했다' 또는 '박 위원은 요즘 김 후보를 찬조하며 다닌다'와 같이 쓸 수 있겠다.

내가 어려운 일이 있을 때마다 항상 도와주는 친구는 수민이다

… 가까이서 항상 도움을 주는 사람이 있다면 참 든든할 것 같다. '옆에서 도와주다'라는 뜻을 가진 '옆들다'라는 단어가 있다. '옆들다'는 '옆들어', '옆드는', '옆드니'와 같이 활용한다.

한미 양국은 북핵 문제와 관련하여 서로 긴밀하게 <u>도와줄</u> 필요가 있다.

… 여러 사람이 함께 도와주거나 서로 돕는다는 뜻의 '공조하다'가 있다. 사안이 심각하거나 큰 문제일 때는 혼자 해결해 나가기 힘들다. 그렇기에 여러 사람이 서로 도와야 할 필요가 있는데, 그럴 때 '공조하다'를 쓴다.

⁎⁎ 유의어 사전 ⁎⁎

○ 뒷받침하다 : 뒤에서 지지하고 도와주다

○ 구제하다 : 자연적인 재해나 사회적인 피해를 당해 어려운 처지에 있는 사람을 도와주다

○ 조력하다 : 힘을 써서 도와주다

○ 찬조하다 : 어떤 일의 뜻을 같이하여 도와주다

○ 옆들다 : 옆에서 도와주다

○ 공조하다 : 여러 사람이 함께 도와주거나 서로 돕다

* 정부는 중소기업이 제품개발에 집중할 수 있도록 재정적으로 뒷받침할 것이다.

* 보이스피싱 피해자들을 구제할 수 있는 방법을 찾고 있다.

* 부모가 조력해 주지 않으면 집을 사기가 어려운 시대이다.

* 박 씨는 요즘 김 후보를 찬조하며 다닌다.

* 내가 어려운 일이 있을 때마다 항상 옆드는 친구는 수민이다.

* 한미 양국은 북핵 문제와 관련하여 긴밀하게 공조할 필요가 있다.

·7·
들추다

'들추다'를 대신할 수 있는 단어에는 무엇이 있을까?

∗   그 사람도 후회하고 있는데 굳이 그 일을 ☐☐☐☐
    필요가 있었어?

∗   내가 전에 했던 말들을 선배가 매번 다 ☐☐☐
    통에 스트레스가 이만저만이 아니다.

∗   남의 약점을 ☐☐☐☐ 것은 비겁하기 짝이 없는
    짓이다.

∗   지난 실수를 번번이 ☐☐☐☐ 버릇은 고치는 게
    좋겠다.

∗   난데없이 아픈 데를 ☐☐☐☐☐ 그 사람을
    울리고야 말았다.

말싸움 한번 이겨 보겠다고 지난 일을 부득부득 들춰내 나의 승리에 보태던 때가 있었다. 치졸한 방법이라 할지라도 내가 이기면 그만이었다. 상대의 상처는 내가 알 바가 아니었다.

그러던 나는 언제부턴가 예전 일을 공들여 끄집어내는 수고를 그만두게 되었다. 묻어둔 망각을 굳이 들춰내 그의 안온한 일상을 휘젓는 일이 너무도 모진 일이라는 것을 알게 되면서부터다.

'들추다'는 '속이 드러나게 들어 올린다'라는 뜻으로, 숨겨진 것을 찾기 위해 그것을 가린 무언가를 걷어내는 행위를 이른다. 이에 의미가 더해져 '숨은 일, 지난 일, 잊은 일 따위를 끄집어내어 드러나게 하다'라는 뜻이 있다. 감추고 싶은 지난 일을 구태여 지금, 이 시간으로 끌고 와 상기시키게 하는 단어다.

그 사람도 후회하고 있는데 굳이 그 일을 들출 필요가 있었어? … 여기에서는 '끄집어내다'를 대신 사용할 수 있겠다. 속에 있는 것을 끄집어서 밖으로 낸다는 뜻의 '끄집어내다'는 약점이나 잘못을 들추어낸다는 뜻으로도 쓴다. 한 부분을 분명하게 집어서 드러낸다는 뜻의 '꼬집다'도 '들추다'를 대신할 수 있겠다.

내가 전에 했던 말을 선배가 매번 다 <u>들춰내는</u> 통에
스트레스가 이만저만이 아니다.

… 말실수 한 번 하지 않는 사람은 없을 것이다. 그런데 내가
언제 했는지 기억도 안 나는 말들을 누군가 매번 들춰내 잘
못을 꼬집는다면 이보다 더 피곤한 일은 없을 것 같다. 여기
에서는 흥을 잡기 위해 들추어내는 것이니 '**흥잡다**'를 '들추
다' 대신 사용할 수 있겠다. 비슷한 단어로 '**파잡다**'가 있다.
'파잡다'는 결점을 끄집어내고 들추어낸다는 뜻으로, '파잡
다' 역시 이 자리에 올 수 있다. '파잡다'는 눈에 띄는 결점이
없는데도 샅샅이 파헤쳐 찾고 또 찾는 느낌을 주는 단어다.

남의 약점을 <u>들춰내는</u> 것은 비겁하기 짝이 없는 짓이다.

… 이번에는 '**떠들추다**'를 써 보자. '떠들추다'는 비밀스러운
남의 일을 세상 밖으로 끄집어낸다는 뜻이다. 비밀스러운 일
이라면 감추고 싶은 일일 테다. 그럼에도 남의 일을 제멋대
로 떠들추는 짓은 비겁하기 짝이 없다.

지난 실수를 번번이 <u>들추는</u> 버릇은 고치는 게 좋겠다.

… 별일 아닌 실수를 매번 들춰 볼 필요가 있을까. 여기에서는
'들추다' 자리에 '**바르집다**'가 올 수 있다. '바르집다'는 '옷을

찾느라고 정리해 놓은 옷장을 바르집어 놓았다'처럼 파헤치거나 크게 벌려 놓는다는 뜻으로 다른 사람의 비밀을 여러 사람 앞에서 들추어낼 때, 별일 아닌 것을 크게 떠벌릴 때 쓴다.

난데없이 아픈 데를 들춰서 그 사람을 울리고야 말았다.

… 이번에는 이미 지나간 과거지사를 들춰내는 상황이다. 이때는 '이르집다'를 '들추다' 대신 쓸 수 있다. '이르집다'는 들춰내는 데서 끝나지 않고 없던 일까지 만들어 말썽을 일으킬 때도 쓴다. 곱씹고 싶지 않은 그때, 그 어느 날 아릿한 기억을 굳이 끄집어내 상처 주고야 마는 '이르집다'는 매정하고 모진 단어다.

✳✳ 유의어 사전 ✳✳

- 끄집어내다 : 약점이나 잘못을 들추어 내다
- 꼬집다 : 분명하게 집어서 드러 내다
- 흥잡다 : 남의 잘못을 꼬집어서 들추어 내다
- 파잡다 : 결점을 들추어 내다
- 떠들추다 : 비밀스러운 남의 일을 세상 밖으로 끄집어 내다
- 바르집다 : 숨겨진 일을 들추어 내다
- 이르집다 : 오래전의 일을 들추어 내다

* 그 사람도 후회하고 있는데 굳이 그 일을
  끄집어낼 / 꼬집을 필요가 있었어?

* 선배가 내가 전에 했던 말들을 매번 다 흉잡는 /
  파잡는 통에 스트레스가 이만저만이 아니다.

* 남의 약점을 떠들추는 것은 비겁하기 짝이 없는
  짓이다.

* 지난 실수를 번번이 바르집는 버릇은 고치는 게
  좋겠다.

* 난데없이 아픈 데를 이르집어서 그 사람을
  울리고야 말았다.

: 8 :

대부분

'대부분'을 대신할 수 있는 단어에는 무엇이 있을까?

✳   이번 안건에 □□□가 찬성했다.

✳   이곳 사람들은 □□가 어업에 종사하고 있다.

✳   성공한 사람의 □□□□는 긍정적으로 생각하는 습관을 지녔다.

✳   사람이 하는 말은 □□가 과장이라 걸러 들어야 한다.

    대부분 나와 비슷하다는 말을 들으면 괜한 안도감이 느껴진다. 나만 그런 게 아니고 당신들도 그렇다는 것에서 오는 묘한 소속감이랄까. 나만의 길을 걸어가겠다는 비장한 각오를 하다가도 결국은 대부분의 사람들이 가 본 덕에 안전장치가 깔려 있을 것만 같은 길로 돌아가게 된다. '대부분'이라는 말에서 얻는 동질감이 나에게 안락함을 주는 것이다.

    '대부분'은 절반이 훨씬 넘어 거의 전체 양에 가까운 정도를 가리키는 말로, 명사 또는 부사의 형태로 쓴다. 여기저기서 흔히 쓰는 '대부분'과 바꾸어 쓸 수 있는 단어에는 무엇이 있을까?

    이번 안건에 대부분이 찬성했다.

… 거의 모든 사람들이 안건에 찬성했다는 의미의 위 문장에서는 '대다수'라는 단어와 바꾸어 쓸 수 있겠다. '대다수'는 '거의 모두 다'라는 의미를 갖는 명사다. '대다수의 의견', '대다수의 사람', '대다수가 찬성하거나 반대하다', '대다수가 A 후보를 지지하고 있다'와 같이 쓸 수 있다.

    이곳 사람들은 대부분이 어업에 종사하고 있다.

… 대부분을 대체할 수 있는 또 다른 단어에는 무엇이 있을까? 이번에는 '대개'를 살펴보자. 대개는 '거의 전부'라는 뜻

으로 '절반이 훨씬 넘어 전체 양에 가까운 정도의 수효나 분량'을 의미한다. '이곳 사람들은 대개가 어업에 종사하고 있다'로 바꾸어 쓸 수 있겠다.

성공한 사람의 <u>대부분은</u> 긍정적으로 생각하는 습관을 지녔다.

… 대부분을 대신할 수 있는 말로 '**십중팔구**'가 있다. 십중팔구는 말 그대로 '열 가운데 여덟이나 아홉 정도로 거의 대부분'이라는 뜻의 명사이다. '제대로 공부하지 않았다면 십중팔구는 이 시험에서 떨어졌을 것이다', '준비 없이 개업했다가는 십중팔구 망한다', '성공한 사람의 십중팔구는 긍정적으로 생각하는 습관을 지녔다'와 같이 사용한다.

그 사람이 하는 말은 <u>대부분이</u> 과장이라 걸러 들어야 한다.

… 대부분과 또 바꿔 쓸 수 있는 단어로 '**거개**'를 들 수 있다. 거개는 '거의 대부분'이라는 뜻으로, 명사 또는 부사의 자리에 쓸 수 있다. '그 사람이 하는 말은 거개가 과장이라 걸러 들어야 한다', '거개의 고등학생들은 수면 시간이 부족한 것으로 나타났다', '내 친구들은 거개 비슷한 환경에서 살고 있다'와 같이 사용한다.

✲ 유의어 사전 ✲

○ 대다수 : 거의 모두 다

○ 대개 : 거의 전부

○ 십중팔구 : 열 가운데 여덟이나 아홉 정도로 거의 대부분

○ 거개 : 거의 대부분

✳ 이번 안건에 대다수가 찬성했다.

✳ 이곳 사람들은 대개가 어업에 종사하고 있다.

✳ 성공한 사람의 십중팔구는 긍정적으로 생각하는
   습관을 지녔다.

✳ 그 사람이 하는 말은 거개가 과장이라 걸러 들어야
   한다.

: 9 :
따지다

'따지다'를 대신할 수 있는 단어에는 무엇이 있을까?

* 누구 잘못이 더 큰지 이번에는 시시비비를 확실히
  □□□ 봐야겠다.

* 그냥 좀 넘어가자. 어쩌자고 그런 사소한 일까지
  하나하나 □□□□□□?

* □□□ 생각해 봤자 소용없어. 이미 다 끝난
  일이야.

* 자초지종을 설명해도 그는 내 말을 듣지 않고
  나짜고짜 □□□ 시작했다.

* 야당은 부동산 비리에 휘말린 김 후보를
  본격적으로 □□□□ 시작했다.

* 종일 머리를 맞대고 □□□ □□□ 뭐가 득이
  될지 답이 나오지 않았다.

사사건건 따지는 사람을 보고 있자면 묘한 양가감정이 인다. 이악스럽게 발산하는 에너지에 피로감을 느꼈다가도, 옳고 그름을 한 올 한 올 가려내며 헝클어진 실타래를 풀어내는 모양새에 나도 모르게 탄복하게 된다. 혹은 기막히게 빠른 계산속에 얌체 같다고 생각하다가도 주판알 퉁겨 손해 보지 않는 것이 결국엔 승자가 아닌가 싶어 못난 시샘을 슬그머니 내려놓는다.

'따지다'는 문제가 되는 일을 상대에게 캐물으며 분명한 답을 요구할 때, 무엇이 옳은지 그른지를 가릴 때, 득과 실을 빠짐없이 헤아려 볼 때 쓴다. 적잖이 성가시게 느껴져도 때로는 야무지게 할 줄 알아야 득이 되는 '따지다'. 어떤 말로 바꿔 쓸 수 있을까?

누구 잘못이 더 큰지 이번에는 시시비비를 확실히 따져
봐야겠다.
… '따지다'와 바꿔쓸 수 있는 단어로 먼저 '가리다'가 떠오른

다. '가리다'는 좋은 것과 나쁜 것, 옳은 것과 그른 것이 무엇인지 따져서 구별한다는 뜻이다. 따라서 여러 가지 잘한 것과 잘못한 것이라는 뜻의 '시시비비'가 쓰인 위 문장에는 '가리다'가 어울리겠다. 시비, 진위, 경중, 잘잘못과 같이 반대되는 두 의미 중 하나를 따져 가려내는 경우 '따지다'의 자리에 '가리다'가 올 수 있다.

> 그냥 좀 넘어가자. 어쩌자고 그런 사소한 일까지 하나하나 따지니?

… 문제라고 여기는 것도 저마다 기준이 다르다. 누군가에겐 막중한 일이나 또 다른 이에게는 기억조차 나지 않는 자잘한 일일지도 모른다. 누구에겐 톺아봐야 할 일인데 누군가에겐 끄집어내는 것만으로도 쩨쩨해질 것만 같다. 위 문장에서 '따지다'는 잗다란 일에 계속 대답을 요구받는 상황이다. 여기서는 다소 낯선 감이 있지만 **'콩팔칠팔하다'**라는 단어를 사용할 수 있겠다. '콩팔칠팔하다'는 갈피를 잡을 수 없을 정도로 마구 떠들어댄다는 뜻으로 하찮은 일을 가지고 시비조로 캐물을 때도 사용한다.

<u>따져서</u> 생각해 봤자 소용없어. 이미 다 끝난 일이야.

··· 다 지난 일은 처음부터 끝까지 다시 세세하게 반추해 봐야 소용없다. 사물이나 일의 속내를 알아내려고 샅샅이 파고들어 꼼꼼하게 따진다는 뜻의 '곰파다'가 있다. 곰파서 생각해 봤자 소용없다. 이미 다 끝난 일이기 때문이다.

자초지종을 설명해도 그는 내 말을 듣지 않고 다짜고짜
<u>따지기</u> 시작했다.

··· 여기에서는 '따져서 엄하게 다잡다'라는 뜻의 '따잡다'를 써 보는 것은 어떨까? 아무리 자초지종 설명해도 다짜고짜 따잡는 사람을 설득할 방법은 아무래도 없을 것 같다.

야당은 부동산 비리에 휘말린 김 후보를 본격적으로
<u>따지기</u> 시작했다.

··· 이번에는 정치면 기사에서 흔히 볼 수 있는 단어로 바꾸어 써 보자. 바로 '공박하다'이다. '공박하다'는 남의 잘못을 몹시 따지고 공격한다는 뜻이다. '야당은 부동산 비리에 휘말린 김 후보를 본격적으로 공박하기 시작했다'로 쓰면 되겠다.

종일 머리를 맞대고 따져 봐도 뭐가 득이 될지 답이 나오지 않았다.

… 학교 앞 문방구에서 지우개며 별사탕이며 자질구레한 물건들을 잔뜩 골라 계산대에 올려놓고는 주판 놓아 셈하는 주인 할아버지의 잰 손놀림을 넋 놓고 바라본 적이 있다. 셈을 하는 것에서 더 나아가 '이해득실을 따지다'라는 뜻의 관용구로 '주판(수판)을 놓다(튕기다)'가 있다. 종일 머리를 맞대고 주판을 놓아 봐도 뭐가 득이 될지 답이 나오지 않을 때가 있다. 그럴 때 우리는 어떤 선택을 해야 할까.

☆☆ 유의어 사전 ☆☆

○ 가리다 : 잘잘못이나 좋은 것과 나쁜 것 따위를 따져서 분간하다

○ 콩팔칠팔하다 : 하찮은 일을 가지고 시비조로 캐묻고 따지다

○ 곰파다 : 사물이나 일의 속내를 알아내려고 샅샅이 파고들어 꼼꼼하게 따지다

○ 따잡다 : 따져서 엄하게 다잡다

○ 공박하다 : 남의 잘못을 몹시 따지고 공격하다

○ 주판을 놓다 : 어떤 일에 대하여 이해득실을 따지다

* 누구 잘못이 더 큰지 이번에는 시시비비를 확실히
  가려서 봐야겠다.

* 그냥 좀 넘어가자. 어쩌자고 그런 사소한 일까지
  하나하나 콩팔칠팔하니?

* 곰파서 생각해 봤자 소용없어. 이미 다 끝난 일이야.

* 자초지종을 설명해도 그는 내 말을 듣지 않고
  다짜고짜 따잡기 시작했다.

* 야당은 부동산 비리에 휘말린 김 후보를
  본격적으로 공박하기 시작했다.

* 종일 머리를 맞대고 주판을 놓아도 뭐가 득이 될지
  답이 나오지 않았다.

: 10 :

따뜻하다

'따뜻하다'를 대신할 수 있는 단어에는 무엇이 있을까?

* ⬜⬜⬜⬜ 봄볕 아래 고양이들이 낮잠을 자고 있다.

* 방이 ⬜⬜⬜ 눕자마자 곤히 잠들었다.

* 한겨울인데도 오늘 낮 최고 기온이 10도 안팎까지
  올라 종일 ⬜⬜⬜.

* 2월의 제주도에는 벌써 ⬜⬜⬜ 바람이 불기
  시작했다.

* 할머니는 ⬜⬜⬜ 앞마당에 고추를 가지런히
  말리곤 하셨다.

내가 어릴 때 살았던 집 마룻바닥은 짙은 오크색이었다. 반들거리는 마룻바닥에는 박제된 듯 선명한 나이테가 굳게 새겨져 있었다. 할 일 없이 마루를 뒹굴뒹굴하다 보면 어느샌가 오후 서너 시가 되어 있었고, 그 시간은 너그러워진 오후 햇살이 창문 틈을 비집고 마루로 내려앉는 시간이었다.

내 손등에 걸터앉은 햇빛 줄기는 쓸쓸했던 어린 나에게 언제나 반가운 손님이 되어 주었고, 시든 줄로만 알았던 바닥의 널조각엔 생명력을 불어 주었다. 미동 없던 나뭇결이 햇빛에 기지개를 켜듯 꿈틀대기 시작하면 나의 상상력도 비로소 펄럭대곤 했다. 지루하고도 별것 없었던 그 시절이 찬란하다 기억되는 것은 햇빛이 전해 준 따뜻한 생명력 덕분이다.

'따뜻하다'는 '덥지 않을 정도로 온도가 알맞게 높다' 또는 '감정, 태도, 분위기 따위가 정답고 포근하다'라는 뜻이다. 슬몃 웅얼거리기만 해도 나를 안온케 하는 단어, 따뜻하다! 이 단어와 바꾸어 쓸 수 있는 따사로운 단어에는 무엇이 있을까?

<u>따뜻한</u> 봄볕 아래 고양이들이 낮잠을 자고 있다.

… 점심을 먹고 나면 어김없이 카페에 들러 커피 한 잔을 사 들고서 오후를 시작한다. 고개를 치켜든 오후의 피곤을 카페인으로 꾹꾹 눌러 담아야 하는 직장인의 고달픈 장면이랄까. 그 순간 따뜻한 봄볕 아래 태평하게 낮잠을 자고 있는 고양

이들이 보이면 다음 생엔 꼭 너로 태어나 낮잠 한번 실컷 자 보고 싶다는 실없는 생각을 하곤 한다.

　여기에서는 '따뜻한 기운이 조금 있다'라는 '다사롭다', 이 보다 좀 더 강한 느낌을 주는 '따사롭다', 또는 '조금 따뜻하다'라는 뜻의 '따사하다' 혹은 '따스하다' 등으로 바꾸어 쓸 수 있겠다. 다사로운, 따사한, 따스한 봄볕 아래 고양이들이 낮잠을 자고 있다! 부럽다!

　방이 <u>따뜻해</u> 눕자마자 곤히 잠들었다.

… 나는 왠지 한겨울보다 초겨울의 추위를 견디기가 더 힘들다. 스산하게 흐린 11월의 냉랭한 쌀쌀함은 온몸 구석구석으로 침잠한다. 집으로 돌아와 종일 웅크리느라 지친 몸을 따뜻한 방바닥에 누이면 따스한 기운이 차가워진 온몸을 순식간에 데워 준다. '따습다'는 '알맞게 따뜻하다'라는 뜻이다. '방이 따스워 눕자마자 곤히 잠들었다'로 쓸 수 있겠다.

　한겨울인데도 오늘 낮 최고 기온이 10도 안팎까지 올라 　종일 <u>따뜻했다</u>.

… 삼한사온도 옛말이 된 것 같다. 요즘 겨울은 너무하다 싶을 만큼 추운 한파가 몇 날 며칠 계속되거나 껴입은 패딩 속

으로 땀이 삐질삐질 나는 따뜻한 날의 연속이다. 어쨌거나 한겨울 낮 최고 기온이 10도 안팎이라면 겨울치고는 따뜻한 날씨임에는 틀림없다. 이런 날씨를 두고 '푹하다'를 쓸 수 있다. '푹하다'는 '겨울 날씨가 퍽 따뜻하다'라는 뜻이다.

   2월의 제주도에는 벌써 <u>따뜻한</u> 바람이 불기 시작했다.

… '푸근하다'는 어김없이 '할머니'를 연상시킨다. 나에게는 떠올릴 만한 할머니가 계시지 않음에도 사회적으로 만들어진 이미지에 나도 모르게 학습된 것인지 세상의 모든 할머니는 푸근할 것만 같다. '푸근하다'는 '감정이나 분위기 따위가 부드럽고 따뜻하여 편안한 느낌이 있다', '겨울 날씨가 바람이 없고 꽤 따뜻하다'라는 뜻이다. 푸근한 바람이 불기 시작하는 2월의 제주도에 꼭 한 번 가 보고 싶다.

   할머니는 햇빛이 <u>따뜻하게</u> 내리쬐는 앞마당에 고추를
   가지런히 말리곤 하셨다.

… 이 문장에는 '볕바르다'가 적격이다. '볕바르다'는 햇볕이 바로 비치어 밝고 따뜻하다는 뜻이다. 한 번도 직접 본 적은 없지만, 볕바른 앞마당에 고추를 가지런히 말리시는 할머니의 모습은 어쩐 일인지 머릿속에 선명하게 그려진다.

᪲ 유의어 사전 ᪲

○ 다사롭다/따사롭다 : 따뜻한 기운이 조금 있다

○ 따사하다/따스하다 : 조금 따뜻하다

○ 따습다 : 알맞게 따뜻하다

○ 푹하다 : 겨울 날씨가 퍽 따뜻하다

○ 푸근하다 : 감정이나 분위기 따위가 부드럽고 따뜻하여
    편안한 느낌이 있다 / 겨울 날씨가 바람이 없고 꽤 따뜻
    하다

○ 볕바르다 : 햇볕이 바로 비치어 밝고 따뜻하다

✱ 다사로운/따사로운/따사한/따스한 봄볕 아래
  고양이들이 낮잠을 자고 있다.

✱ 방이 따스워 눕자마자 곤히 잠들었다.

✱ 한겨울인데도 오늘 낮 최고 기온이 10도 안팎까지
  올라 종일 푹했다.

✱ 2월의 제주도에는 벌써 푸근한 바람이 불기
  시작했다.

✱ 할머니는 볕바른 앞마당에 고추를 가지런히 말리곤
  하셨다.

한국인이 흔히 사용하는 어휘

마무리하다

'마무리하다'를 대신할 수 있는 단어에는 무엇이 있을까?

* 9회 말 김 선수가 나와 경기를 □□□□.
* 우리나라와 필리핀 간의 자유무역협정을 최종 □□□□.
* 그는 마침내 이혼 소송을 합의로 □□□□□.
* 그는 앓고 있던 지병이 악화되어 작품을 □□□□ 못한 채 숨졌다.
* 그는 항상 일을 제대로 □□□□□□ 않아서 욕을 먹는다.
* 삼천포로 빠진 말을 어떻게 □□□□ 할지 몰라 진땀을 뺐다.

엄마의 손바느질은 재봉틀의 바늘이 오가는 것처럼 일정했다. 속으로 들어간 바늘이 내 눈짐작과 같은 곳으로 머리를 내밀기 기대하며, 동그랗게 뜬 눈으로 엄마의 손을 분주히 따라다녔다. 헐거워진 옷감의 빈자리가 촘촘하게 메워지고 나면 엄마는 손가락 끝으로 실을 둥글게 말아 야문 매듭을 지었다. 매듭은 바늘이 마지막으로 데려온 실과 옷감이 만나는 지점 바로 위에 흔들림 없이 고정되었다. 엄마의 딴딴하고도 둥근 매듭은 그간의 바느질을 언제나 든든하게 지탱해 주었다.

얼마 전 사직서를 제출했다. 주고받은 몇 마디의 인사치레를 끝으로 십수 년의 직장 생활을 마무리하고 나자, 문득 엄마의 매듭이 떠올랐다. '나의 매듭은 지난 시간을 잘 묶어 주었을까?', '어정쩡한 매듭에 그동안의 내 시간이 헐거워진 건 아닐까?'라는 부질없는 걱정과 함께.

'마무리하다'는 일을 끝맺는다는 뜻이다. '마무리하다'를 대신할 수 있는 말에는 무엇이 있을까?

9회 말 김 선수가 나와 경기를 마무리했다.

… 스포츠 뉴스를 보다 보면 자주 접하게 되는 단어가 있다. '매조지다'이다. '매조지다'는 일의 끝을 단단히 단속하여 마무리한다는 뜻으로, 종종 '매조지하다'라고도 한다. '매조지

하다'는 어법상으로는 문제가 없으나 아직 표준어로 인정받
지는 못했다. '복지 재단은 상반기 취약계층 지원 사업을 매
조졌다'와 같이 스포츠와 관계없는 상황에도 사용된다.

　　우리나라와 필리핀 간의 자유무역협정을 최종 <u>마무리했다</u>.
… 양측의 의견이 대립되는 상황이라면 일의 진행도, 마무리
도 쉽지 않다. 일을 무사히 끝맺기 위해서는 서로의 의견을
어느 정도 양보하는 것이 중요하겠다. 의견이 대립된 양편에
서 서로 양보를 받아 일을 마무리할 때 '타결하다'를 쓸 수 있
다. '우리나라와 필리핀 간의 자유무역협정을 최종 타결했
다'로 바꿔 써 보자.

　　그는 마침내 이혼 소송을 합의로 <u>마무리했다</u>.
… 여기에서는 어떤 일을 순서에 따라 마무리한다는 뜻의 '매
듭짓다'로 '마무리하다'를 대신해 보자. '매듭'은 끈이나 실 등
을 매어서 생긴 마디를 뜻하는 말이다. 매듭을 지어 바느질
이나 포장을 마무리하듯, 어수선하게 펼쳐진 일들을 순서에
따라 마무리할 때 '매듭짓다'라고 말하면 되겠다. '그는 마침
내 이혼 소송을 합의로 매듭지었다'로 쓰면 된다.

그는 앓고 있던 지병이 악화되어 작품을 <u>마무리하지</u> 못한 채 숨졌다.

… 책이나 예술 작품을 세상에 내놓기 위해서는 작품들을 완전하게 마무리해야 한다. 완전하게 끝을 맺는다는 뜻의 '완결하다'가 있다. '완결하다'는 원고, 작품, 작업, 수사 등과 같은 단어와 자주 함께 쓰인다. 작품을 완결하지 못한 채 생을 마감해야 했던 작가의 심정이 얼마나 안타까웠을지 짐작조차 어렵다.

　그는 항상 일을 제대로 <u>마무리하지</u> 않아서 욕을 먹는다.

… 끝맺음이 제대로 되지 않아 앞선 노력이 수포로 돌아갈 때가 많다. 일의 마지막을 잘 끝맺었다는 것을 확실히 말하고 싶을 때 '끝마무리하다'를 쓸 수 있다. 한두 번도 아니고 매번 일을 제대로 끝마무리하지 않으면 욕을 먹을 수밖에 없겠다.

　삼천포로 <u>빠진</u> 말을 어떻게 <u>마무리해야</u> 할지 몰라 진땀을 <u>뺐다</u>.

… 여기에서는 '마무르다'라는 단어를 써 보자. '마무르다'는 '물건의 가장자리를 꾸며서 일을 끝맺다', 또는 '일의 뒤끝을 맺다'라는 뜻이다. '삼천포로 빠진 말을 어떻게 마물러야 할지 몰라 진땀을 뺐다'로 갈음해 보자.

⁎ 유의어 사전 *⁎*

○ 매조지다 : 일의 끝을 단단히 단속하여 마무리하다

○ 타결하다 : 의견이 대립된 양편에서 서로 양보를 받아 일
   을 마무리하다

○ 매듭짓다 : 어떤 일을 순서에 따라 마무리하다

○ 완결하다 : 완전히 끝을 맺는다

○ 끝마무리하다 : 일의 마지막을 잘 끝맺는다

○ 마무르다 : 물건의 가장자리를 꾸며서 일을 끝맺다/일의
   뒤끝을 맺다

＊ 9회 말 김 선수가 나와 경기를 매조졌다.

＊ 우리나라와 필리핀 간의 자유무역협정을 최종
   타결했다.

＊ 그는 마침내 이혼 소송을 합의로 매듭지었다.

＊ 그는 앓고 있던 지병이 악화되어 작품을 완결하지
   못한 채 숨졌다.

＊ 그는 항상 일을 제대로 끝마무리하지 않아서 욕을
   먹는다.

＊ 삼천포로 빠진 말을 어떻게 마물러야 할지 몰라
   진땀을 뺐다.

:11: 마무리하다   73

만족스럽다

'만족스럽다'를 대신할 수 있는 단어에는 무엇이 있을까?

* 그는 두 접시를 깨끗이 비운 다음에야 □□□
  표정을 지었다.

* 마음 맞는 사람들과 함께 시간을 보내고 돌아오는
  길은 늘 □□□□□.

* 자신의 예상대로 일이 되어가자 그는 □□를
  불렀다.

* 그는 □□□□ 않은 표정으로 사무실을 나갔다.

나는 해피엔딩으로 막을 내리는 영화를 좋아한다. 불치병에 걸린 주인공이 기적적으로 살아났으면 좋겠고, 상처받은 연인들의 사랑이 종국에는 이루어졌으면 좋겠다. 처절하게 실패한 주인공이 당당히 일어서는 모습도 보고 싶다. 현실을 복사해서 붙여 놓은 듯한 매정한 결말 속에 주인공을 홀로 남겨 두고 나와야 하는 서느런 마무리는 영 마뜩잖다.

영화가 끝나도 나는 꽤 오래 영화의 잔상에 몽롱하게 취해 있다. 해피엔딩은 늘 걷던 길도 설렘으로 치장해 놓는 재주를 부리고 그 덕에 나는 그 길을 꿈꾸듯 낯설게 걸어가는 것이다. 그러다 낯익은 길이 내 시야에 슬금슬금 들어오기 시작하면 나는 그제야 영화 속 세계에서 깨어나 나만의 영화 관람을 만족스럽게 마친다.

'만족스럽다'는 '기대하거나 필요한 것이 부족함 없거나 마음에 들어 흐뭇하다'라는 뜻이다. '만족스럽다'와 유사한 말에는 무엇이 있을까?

그는 두 접시를 깨끗이 비운 다음에야 <u>만족스러운</u> 표정을 지었다.

… 종일 굶어 배가 너무 고플 때면 한 접시로는 어림도 없다. 두세 접시는 쉬지 않고 먹어야 '이제 좀 배가 찼구나' 싶어서 만족스럽다. 이때 '만족스럽다'의 자리에 '흡족하다'가 올 수

있다. '흡족하다'는 '조금도 모자람이 없을 정도로 넉넉하여 만족하다'라는 뜻이다.

　마음 맞는 사람들과 함께 시간을 보내고 돌아오는 길은 늘 만족스럽다.

… 서로의 이야기에 공감할 수 있고 이야기를 주고받는 것이 즐거운 사람들과의 만남은 언제나 만족스럽다. 이들과 헤어지고 돌아오는 길은 공허하거나 쓸쓸하지 않다. 마음이 흐뭇해서 만족한 느낌이 들 때 쓸 수 있는 단어가 있다. '해낙낙하다'이다. 이 단어는 따라 읽기만 해도 넉넉한 느낌이 들어 입가에 미소가 절로 지어질 것만 같다. '마음 맞는 사람들과 함께 시간을 보내고 돌아오는 길은 늘 해낙낙하다'로 바꿔 쓸 수 있겠다.

　자신의 예상대로 일이 되어가자 그는 만족스러워했다.

… 마음먹은 대로 혹은 내가 예상한 대로 일이 잘돼 갈 때만큼 만족스러울 때가 있을까. 이럴 때는 신이 나서 소리라도 질러야 할 것 같다. 이때 쓸 수 있는 단어는 '쾌재'이다. '쾌재'는 '일 따위가 마음먹은 대로 잘되어 만족스럽게 여기거나 그럴 때 나는 소리'라는 뜻을 가졌다. 보통 '쾌재를 부르다',

'쾌재를 외치다'의 형태로 쓴다.

그는 <u>만족스럽지</u> 않은 표정으로 사무실을 나갔다.
… '마뜩하다', '탐탁하다', '시답다'는 '마음에 들어서 만족스럽다'라는 뜻을 가진 단어이다. 그러나 이들은 주로 '-지 않다'와 같은 부정을 나타내는 말과 함께 '만족스럽지 않다'의 의미로 쓴다. '마뜩하지 않다', '탐탁하지 않다', '시답지 않다'와 같이 사용하며 이들은 '마뜩잖다', '탐탁잖다', '시답잖다'로 줄여 쓴다.

** 유의어 사전 **

○ 흡족하다 : 조금도 모자람이 없을 정도로 넉넉하여 만족하다

○ 해낙낙하다 : 마음이 흐뭇해서 만족한 느낌이 들다

○ 쾌재 : 일 따위가 마음먹은 대로 잘되어 만족스럽게 여기거나 그럴 때 나는 소리

○ 마뜩잖다/탐탁잖다/시답잖다 : 만족스럽지 않다

* 그는 두 접시를 깨끗이 비운 다음에야 흡족한
  표정을 지었다.

* 마음 맞는 사람들과 함께 시간을 보내고 돌아오는
  길은 늘 해낙낙하다.

* 자신의 예상대로 일이 되어가자 그는 쾌재를
  불렀다.

* 그는 마뜩잖은 / 탐탁잖은 / 시답잖은 표정으로
  사무실을 나갔다.

많다

'많다'를 대신할 수 있는 단어에는 무엇이 있을까?

---

* 피해보상이 제대로 되지 않는 경우가 □□□.

* 취업이 어려워 좌절하는 청년이 □□□□.

* 그 분야에서 일할 수 있는 사람은 □□□□□.

* 형제간에 돈 때문에 다투는 일은 □□□□□□.

* □□□□ 사람 중에 왜 하필 그런 사람하고 친하게
  지내니?

* 포항에서는 과메기가 □□□□□□ 어딜 가도
  과메기가 반찬으로 나온다.

아버지가 읽고 난 신문은 언제나 내 차지였다. 신문을 다 읽은 아버지는 내게 신문지로 딱지 접는 법을 가르쳐 주셨고 나는 손끝이 까매질 때까지 접고 또 접었다. 한 달에 두어 번쯤은 달력으로도 딱지를 접을 수 있었는데, 달력으로 딱지를 접을 땐 손끝에 힘을 더 줘야 한다고 아버지는 내게 일러 주셨다.

어디선가 옅은 신문지 냄새가 나면 그날의 아버지와 나는 조각난 곳 하나 없이 옹글게 되살아나 덮어 두었던 기억을 들썩인다. 살아남는 기억은 많고 많은 날의 어느 하루였고, 그 흔하디흔한 하루가 결국 단 하나의 특별한 하루였음을 이제야 깨닫는다.

'많다'는 '수효나 분량, 정도 따위가 일정한 기준을 넘다'라는 뜻이다. '많다'와 바꾸어 쓸 수 있는 단어에는 무엇이 있을까?

피해보상이 제대로 되지 않는 경우가 <u>많다</u>.

… 어떤 경우가 매우 많을 때 '숱하다'를 생각해 볼 수 있다. '숱하다'는 아주 많다는 뜻의 단어이다. '피해보상이 제대로 되지 않는 경우가 숱하다'로 바꾸어 보자.

취업이 어려워 좌절하는 청년이 <u>많다</u>.

… 여기에서는 수가 많다는 뜻을 지닌 단어가 어울리겠다. '수효가 많다'는 뜻을 지닌 단어로는 '허다하다', '수많다'를 들 수 있다. '취업이 어려워 좌절하는 청년이 허다하다'로 쓸 수 있겠다.

그 분야에서 일할 수 있는 사람은 <u>많다</u>.

… 어떤 분야에서 일할 수 있는 사람이 많다는 것은 그 분야 종사자가 많고 흔하다는 뜻일 것이다. 여기에서는 '많다'의 자리에 매우 많고 흔하다는 뜻의 '수두룩하다'를 쓸 수 있겠다. '부동산 가격이 치솟으며 공시 가격이 11억 원을 넘는 아파트가 수두룩하다'와 같이 사용하며, 여기에서는 '그 분야에서 일할 수 있는 사람은 수두룩하다'로 쓰면 된다.

형제간에 돈 때문에 다투는 일은 <u>많다</u>.

… 한두 번 한 것 가지고 '많다'라고 말하지는 않는다. 같은 일이나 현상이 한두 번이 아니라 흔하게 자주 있었을 때 '비일비재하다'라고 말한다. '각종 매체에서 신조어와 외국어를 남용하는 일이 비일비재하다'와 같이 사용하며 여기에서는 '형제간에 돈 때문에 다투는 일은 비일비재하다'로 바꿀 수 있다.

그 많은 사람들 중에 왜 하필 그런 사람하고 친하게 지내니?
… '많다'를 조금 더 강조해서 쓸 수는 없을까? '많다'만 쓰기
에는 아쉽고 '아주 많다'라고 쓰기에는 지루해 보일 때 우리
는 '많고 많다'라는 표현을 생각해 낼 수 있다. '많고 많다'의
의미로 사용할 수 있는 단어로 '하고많다' 또는 '하고하다'를
들 수 있다. 이 두 단어는 주로 '하고많은', '하고한'의 꼴로 쓰
인다. 제시된 문장은 '하고많은 사람 중에 왜 하필 그런 사람
하고 친하게 지내니?'라고 바꿔 쓸 수 있다. 유사한 말로 '째
고 째다'를 들 수 있다. '째고 째다'는 '쌓이다'의 준말인 '째다'
를 반복해 의미를 강조한 말이다. '째고 째다'는 흔하고 많다
는 뜻을 지니며, '째고 쎈', '째고 쎘다'의 형태로 주로 사용한
다. '빈방은 째고 쎘지만 마음에 드는 방은 한 군데도 없었다'
와 같이 쓴다.

포항에는 과메기가 많아서 어딜 가도 과메기가 반찬으로
나온다.
… 많으면 흔해지기 마련이다. 매우 넉넉하고 흔하다는 뜻의
'흔전만전하다'가 있다. 여기에서는 '포항에서는 과메기가 흔
전만전해서 어딜 가도 과메기가 반찬으로 나온다'와 같이 쓰
면 되겠다. 이 단어는 돈을 흥청망청 쓴다는 뜻으로도 사용
할 수 있다.

○ 숱하다 : 매우 많다

○ 허다하다/수많다 : 수효가 많다

○ 수두룩하다 : 매우 많고 흔하다

○ 비일비재하다 : 같은 현상이나 일이 한두 번이나 한둘이
　　아니고 많다

○ 하고많다/하고하다 : 많고 많다

○ 흔전만전하다 : 매우 넉넉하고 흔하다

───────────────────────────

＊　피해보상이 제대로 되지 않는 경우가 숱하다.

＊　취업이 어려워 좌절하는 청년이 허다하다.

＊　그 분야에서 일할 수 있는 사람은 수두룩하다.

＊　형제간에 돈 때문에 다투는 일은 비일비재하다.

＊　하고많은/하고한 사람 중에 왜 하필 그런 사람하고
　　친하게 지내니?

＊　포항에는 과메기가 흔전만전해서 어딜 가도
　　과메기가 반찬으로 나온다.

───────────────────────────

:13 : 많다

모두

'모두'를 대신할 수 있는 단어에는 무엇이 있을까?

* 이번 회의에 □ □ □ □ 참석해 주시기 바랍니다.

* 그는 가족들이 오기 전에 혼자 케이크를 □ 먹어 치웠다.

* 이번 산불로 작년에 심은 나무가 □ □ □ 타버렸다.

* 사정이 어려워진 친구에게 가지고 있던 돈을 □ □ 다 빌려줬다.

* 연이어 계속된 사업 실패는 김 씨의 삶을 □ □ □ □ 무너뜨렸다.

* 그는 나와 했던 약속을 □ □ □ 잊어버리고 전과 같이 행동했다.

무슨 일에서건, 나는 나만의 마감 기한을 세우는 버릇이 있다. 공식적으로 정해진 기한에서 대체로 한두 주쯤 앞선 시기를 자체 마감 기한으로 정하는 것이다. 누가 시킨 것도 아닌데 한두 주 앞당겨 일을 모두 다 하려다 보니 촉박해진 시간에 마음은 조급해지고 종일 나를 다그치게 된다. 이 얼마나 비효율적인 버릇인가. 그럼에도 나만의 마감 기한에 맞춰 마지막 마침표를 찍게 되는 순간의 쾌감을 느낄 때면 이 몹쓸 버릇의 재등장도 그럭저럭 견딜만한 것이 되어버린다.

'일정한 수효나 양을 빠짐없이 다'라는 뜻의 '모두'. 이를 대신할 수 있는 말에는 무엇이 있을까?

이번 회의에 <u>모두</u> 참석해 주시기 바랍니다.

··· 한 명도 빠지지 말고 모두 다 참석해 달라는 메시지이다. 이때 '모두'를 대신할 수 있는 말로 '빠짐없이'를 떠올릴 수 있다. '하나도 빠뜨리지 않고 모두 다 있게'라는 뜻의 '빠짐없이'는 '모두'와 비슷한 뜻이지만 '모두'보다 더 강한 느낌을 준다. '이번 회의에 빠짐없이 참석해 주시기 바랍니다'와 같이 써 보자.

그는 가족들이 오기 전에 혼자 케이크를 <u>모두</u> 먹어 치웠다.

… 이 문장에서는 어떤 말로 '모두'를 대신할 수 있을까? '조금도 남기지 않고 전부'라는 뜻의 '싹'을 써 볼 수 있겠다. 모든 것이 없어지거나 사라졌을 때 '싹'을 주로 사용하는데, '전에 주고받았던 편지들을 싹 버렸다', '그는 가족들이 오기 전에 혼자 케이크를 싹 먹어 치웠다'와 같이 쓴다.

이번 산불로 작년에 심은 나무가 <u>모두</u> 타 버렸다.

… '하나도 빠짐없이 모두'라는 뜻의 '모조리'도 떠올려 보자. 나무 한 그루, 한 그루가 모두 다 타 버려서 타지 않은 나무가 한 그루도 없다는 것을 분명하게 말하고 싶다면 '모조리'가 여기에 잘 어울린다. '이번 산불로 작년에 심은 나무가 모조리 타 버렸다'와 같이 바꾸면 되겠다.

사정이 어려워진 친구에게 가지고 있던 돈을 <u>모두</u> 다 빌려줬다.

… 지금 가지고 있는 것을 한꺼번에 모두 주거나, 버리거나, 잃어버렸을 때 '몽땅'이라는 부사를 쓸 수 있다. '이번 달 월급을 옷을 사는 데 몽땅 다 썼다', '냉장고에서 오래된 야채를 몽땅 버렸다'와 같은 것이 그 예가 될 수 있겠다. 여기에서는

'사정이 어려워진 친구에게 가지고 있던 돈을 몽땅 다 빌려 줬다'로 바꾸어 쓰면 된다.

연이어 계속된 사업 실패는 김 씨의 삶을 <u>모두</u> 무너뜨렸다. … 김 씨의 삶 전부를 하나도 빠짐없이 모두 무너뜨렸다는 의미를 잘 살릴 수 있는 말에는 무엇이 있을까? '송두리째'를 떠올릴 수 있겠다. '송두리째'도 앞의 부사들과 마찬가지로 '있는 전부를 하나도 빠짐없이 모두'라는 뜻을 가지지만, '송두리째'는 '삶', '행복', '마음'과 같이 셀 수 없는 하나의 덩어리로 된 대상의 '모두'를 뜻할 때 주로 사용한다. 여러 개의 개별 대상을 놓고 '모두'라는 뜻으로 문장을 쓸 때는 '송두리째'를 쓰면 어색할 때가 많다. '의심스러운 사람들을 모조리 잡아 와'라고 하는 것은 자연스럽지만, '의심스러운 사람들을 송두리째 잡아 와'라고는 사용하지 않는 것이다.

그는 나와 했던 약속을 <u>모두</u> 잊어버리고 전과 같이 행동했다. … '하나도 남기지 않고 모두'라는 뜻을 지니는 또 다른 부사가 있다. 바로 '깡그리'이다. 여기에서는 '그는 나와 했던 약속을 깡그리 잊어버리고 전과 같이 행동했다'와 같이 쓰면 된다.

** 유의어 사전 **

○ 빠짐없이 : 하나도 빠뜨리지 않고 모두 다 있게

○ 싹 : 조금도 남기지 않고 전부

○ 모조리 : 하나도 빠짐없이 모두

○ 몽땅 : 있는 대로 한꺼번에 모두

○ 송두리째 : 있는 전부를 하나도 빠짐없이 모두

○ 깡그리 : 하나도 남기지 않고 모두

---

* 이번 회의에 빠짐없이 참석해 주시기 바랍니다.

* 그는 가족들이 오기 전에 혼자 케이크를 싹 먹어 치웠다.

* 이번 산불로 작년에 심은 나무가 모조리 타 버렸다.

* 사정이 어려워진 친구에게 가지고 있던 돈을 몽땅 다 빌려줬다.

* 연이어 계속된 사업 실패는 김 씨의 삶을 송두리째 무너뜨렸다.

* 그는 나와 했던 약속을 깡그리 잊어버리고 전과 같이 행동했다.

: 15 :

미루다

'미루다'를 대신할 수 있는 단어에는 무엇이 있을까?

* 보강 작업을 □□□□□□□ 결국 안전사고가
  발생했다.
* □□□□□□□ 과제 제출일을 또 넘기고
  말았다.
* □□□□□□□ 신청 날짜를 놓치고 말았다.
* 개인 사정으로 학자금 대출 상환을 □□□□.
* 갑자기 일이 생겨서 오늘 약속을 □□□□ 했다.

12월이면 어김없이 창고에서 트리를 꺼내 묵은 먼지를 털어내고 껌뻑이는 전등을 단다. 야무지지 못한 손끝 탓인지 완성된 트리는 어딘가 모르게 엉성하고 볼품이 없다. 그럼에도 매년 달뜬 마음으로 트리를 꺼내는 까닭은 트리에서 풍기는 작은 설렘이 잰걸음으로 떠나가는 그해의 아쉬움을 희석해 주기 때문이다.

트리와 나눈 나름의 정서적 교감 때문인지, 아니면 게으름 때문인지 나는 크리스마스가 한참 지나도록 트리를 정리하지 못한다. 한 해의 종막을 조금이라도 늦춰 보고 싶은 마음이랄까. 미루고 미루다 트리를 정리할 즈음은 언제나 2월의 중턱이 되어서다. 트리를 정리하고 나서야 비로소 나의 일 년은 끝이 나고 그제야 느직하게 새해를 맞이할 마음의 준비를 한다.

'미루다'는 '정한 시간이나 기일을 나중으로 넘기거나 늘이다'라는 뜻이다. 게으르기 때문만은 아닐 것 같은 '미루다'. '미루다'와 바꾸어 쓸 수 있는 단어에는 무엇이 있을까?

보강 작업을 <u>미루다가</u> 결국 안전사고가 발생했다.
··· '미루다'와 바꾸어 쓸 수 있는 가장 만만한 단어는 '차일피일하다'가 아닐까 싶다. 이 문장에서는 '미루다' 대신 '차일피일하다'를 쓸 수 있겠다. '차일피일하다'는 '차월피월하다'와

같은 뜻으로 '이날 저 날 하면서 자꾸 기한을 미루다'라는 뜻이다.

   <u>미루다</u>가 과제 제출일을 또 넘기고 말았다.

… 당연한 말이지만 하고 싶지 않은 일일수록 자꾸 시간을 끌며 미룬다. 시작할 듯 시작하지 않고 끝내버릴 듯 끝내지 않는다. 해야 할 일이나 날짜 따위를 미루어 자꾸 시간을 끌거나 꾸물대며 망설인다는 뜻의 '미적미적하다'가 이 문장 속 '미루다'와 대체해 쓸 수 있는 말이 되겠다.

   <u>미루다</u>가 신청 날짜를 놓치고 말았다.

… 급하지 않다 생각되는 일, 아직은 시간이 여유롭다 생각되는 일, 혹은 해야 하지만 하고 싶지 않은 일은 꼭 미루게 된다. 하루 이틀 미루다 보면 꼭 기간이나 날짜를 놓치게 되고 그제서야 '아차'하고 미적거리던 자신을 탓하게 된다. '기한이나 일 따위를 우물쩍거리며 미루다'라는 뜻의 '을밋을밋하다'라는 단어가 있다. 을밋을밋. 이 단어는 해야 되는 것을 알면서도 은근슬쩍 자꾸 미뤄대는 내 모습을 흉내 내는 것만 같다.

개인 사정으로 학자금 대출 상환을 <u>미루었다</u>.

… 어떠한 일을 실행하는 데 있어 다소 망설이거나 정해진 날짜나 시간을 미룰 때 '유예하다'를 사용할 수 있다. '성급하게 판단할 문제가 아니니 잠시 결정을 유예하는 게 좋겠어요' 또는 '그 회사는 사정이 좋지 않아 부채상환을 유예해야 했다' 등과 같이 사용한다. '유예하다'는 소송을 하거나 소송의 효력을 발생시키기 위해 일정한 기간을 둘 때도 사용하는데, '기소, 선고, 집행을 유예하다'와 같이 쓸 수 있다.

갑자기 일이 생겨서 오늘 약속을 <u>미뤄야</u> 했다.

… 하고 싶지 않아서 미적대거나 차일피일하는 것이 아니라 어쩔 수 없는 상황이 생겨 약속을 미루어야 할 때도 있다. '약속하거나 예정된 날짜가 어긋나서 미루어지다'라는 뜻의 '드티다'가 있다. 예정된 일을 미루어야만 할 때 '드티다'를 한 번 써 보는 것은 어떨까?

○ 차일피일하다/차월피월하다 : 이날 저 날(이달 저 달)하면서 자꾸 기한을 미루다

○ 미적미적하다 : 해야 할 일이나 날짜 따위를 미루어 자꾸 시간을 끌거나 꾸물대며 망설이다

○ 을밋을밋하다 : 기한이나 일 따위를 우물쩍거리며 미루다

○ 유예하다 : 일을 결행하는 데 날짜나 시간을 미루다

○ 드티다 : 예정하였거나 약속하였던 것이 어그러져 연기되다/또는 그렇게 연기하다

⁎ 보강 작업을 차일피일하다가 결국 안전사고가 발생했다.

⁎ 미적미적하다가 과제 제출일을 또 넘기고 말았다.

⁎ 을밋을밋하다가 신청 날짜를 놓치고 말았다.

⁎ 개인 사정으로 학자금 대출 상환을 유예했다.

⁎ 갑자기 일이 생겨서 오늘 약속을 드티어야 했다.

:15 : 미루다

보다

'보다'를 대신할 수 있는 단어에는 무엇이 있을까?

~~~~~~

* 첫눈이 온다는 말을 듣자마자 창밖을 □□□□.

* 그는 수업이 지루한지 계속 시계를 □□□□□.

* 그는 허공을 한참 □□□□□ 주먹을 불끈
  쥐었다.

* 그는 □□ 호탕해 보이지만 실상은 그렇지 않다.

* 그는 돌아가는 상황을 □□□□□ 해
  무책임하다는 소리를 들었다.

* 오늘 오후 시내 한복판에서 발생한 사건을 □□□
  사람들이 큰 충격에 빠졌다.

*   신문 기사 제목을 □ □ □ □ □ 재미있는 사실을
알게 됐다.

～～～～～～～～～～～～～～～～～～～～～～～～～～～～～～

혼자 커피숍을 가면 으레 한 지점에 시선을 고정하고 멍하게 앉아 있게 된다. 한 곳만 뚫어져라 쳐다보고 있는 것 같지만, 내 시선이 머문 곳 언저리에는 의외로 많은 장면이 드나든다. 화색이 완연한 얼굴로 통화하는 말간 얼굴의 학생과 그 옆으로 사뭇 진지하게 핸드폰 화면을 스크롤하며 지나가는 회사원, 한 마디라도 놓칠세라 옆 사람에게 몸을 기울이고 보조를 맞추며 걸어가는 남자, 그리고 가던 길을 갑자기 멈춰 서서 가방 속을 뒤적이는 여자가 있다.

나는 내 시야를 통과해 어디론가 사라진 사람들의 오늘 하루를 상상하곤 한다. 그리고 그들의 이야기를 만든다. 마치 소설가가 된 것처럼. '저 남자는 오늘 어떤 하루를 보냈을까?', '저 여자에게는 무슨 일이 있었을까?'하고.

본다는 것은 무엇일까? '보다'의 자리에 올 수 있는 단어에는 무엇이 있을까?

첫눈이 온다는 말을 듣자마자 창밖을 <u>봤다</u>.

… 첫눈이 내리는 순간은 언제나 설렌다. 첫눈이 내린다는 말을 들으면 어디에 있었건 밖을 보게 된다. 방 안에서 밖을 볼 때 우리는 '내다보다'라는 단어를 떠올릴 수 있다. '내다보다'는 '안에서 밖을 보다', 또는 '먼 데를 보다'라는 뜻이다.

그는 수업이 지루한지 계속 시계를 <u>봤다</u>.

… 수업이 지루할 때는 나도 모르게 시간을 자꾸 확인하게 된다. 수업이 몇 분이나 남았는지 궁금해 죽겠는데, 그렇다고 당당하게 교실 벽에 붙은 시계를 몇 번이고 고개를 들어 보기에는 선생님께 또 죄송한 일이다. 그러다 보니 안 보는 척 눈치를 살피며 시간을 확인하게 된다. 이때는 '눈을 옆으로 돌려 자꾸 슬쩍슬쩍 쳐다보다'라는 뜻을 가진 '**힐끔거리다**'를 쓰는 것이 어울리겠다.

그는 허공을 한참 보더니 주먹을 <u>불끈 쥐었다</u>.

… 결의에 차 주먹을 불끈 쥐는 상황이라면 멍하게 쳐다보는 것도, 부드럽게 바라보는 것도 어울리지 않는다. 이때는 한 곳을 똑바로, 분명히 쳐다보는 것이 어울릴 것이다. 여기에서는 '응시하다'라는 단어를 떠올릴 수 있겠는데, '응시하다'

는 '한 곳에 눈을 집중하여 똑바로 보다'라는 뜻이다.

그는 얼핏 보면 호탕해 보이지만 실상은 그렇지 않다.

… '한 번 봄', '언뜻 봄'의 의미를 지닌 '일견'이라는 명사가 있
다. '일견'은 '일견하다'와 같이 동사로 사용하기도 하는데 보
통 '일견', '일견에'의 형태로 사용되는 경우가 더 많다. '그는
일견 호탕해 보이지만 실상은 그렇지 않다' 또는 '나는 일견
에 그가 내 고등학교 동창임을 알아봤다'와 같이 쓸 수 있다.

그는 돌아가는 상황을 그냥 보고 있기만 해 무책임하다는
소리를 들었다.

… 일에 관여해야 하는 사람임에도 모르는 척 혹은 상황을 살
펴본다는 핑계로 지켜보고만 있으면 무책임하다는 말을 들
을 수밖에 없을 것 같다. '형편이나 분위기 등에 간섭하지 않
고 멀리서 보기만 하다'라는 뜻을 가지는 '관망하다'가 이 문
장에서는 '보다' 자리를 대신할 수 있겠다. '관망하다'는 '풍경
등을 멀리서 바라보다'라는 뜻도 가진다.

오늘 오후 시내 한복판에서 발생한 사건을 본 사람들이 큰 충격에 빠졌다.

… 이 경우에는 '직접 보다'라는 뜻을 가진 단어를 생각해 볼 수 있겠다. 가장 기본적으로 '목격하다'를 떠올릴 수 있겠고, 이와 유사한 뜻을 가진 '목견하다'와 '목도하다'도 사용할 수 있다.

신문 기사 제목을 보다가 재미있는 사실을 알게 됐다.

… 아침에 눈을 뜨자마자 보통 핸드폰을 켜고 인터넷 뉴스를 본다. 기사 하나 하나를 자세히 보지 않고 제목만 쓱 보는데, 이때 쓸 수 있는 단어가 있다. '한 번 흘낏 보다'라는 뜻의 '일별하다'이다. '신문 기사 제목을 일별하다 재미있는 사실을 알게 됐다'와 같이 쓰면 되겠다.

⁑ 유의어 사전 ⁑

○ 내다보다 : 안에서 밖을 보다 / 먼 데를 보다

○ 힐끔거리다 : 눈을 옆으로 돌려 자꾸 슬쩍슬쩍 쳐다보다

○ 응시하다 : 한 곳에 눈을 집중하여 똑바로 보다

○ 일견 : 한 번 봄 / 언뜻 봄

○ 관망하다 : 형편이나 분위기 등에 간섭하지 않고 멀리서

보기만 하다

○ 목격하다/목견하다/목도하다 : 직접 보다

○ 일별하다 : 한 번 흘낏 보다

* 첫눈이 온다는 말을 듣자마자 창밖을 내다봤다.

* 그는 수업이 지루한지 계속 시계를 힐끔거렸다.

* 그는 허공을 한참 응시하더니 주먹을 불끈 쥐었다.

* 그는 일견 호탕해 보이지만 실상은 그렇지 않다.

* 그는 돌아가는 상황을 관망하기만 해 무책임하다는
  소리를 들었다.

* 오늘 오후 시내 한복판에서 발생한 사건을 목도한
  사람들이 큰 충격에 빠졌다.

* 신문 기사 제목을 일별하다가 재미있는 사실을
  알게 됐다.

: 17 :
부끄럽다

'부끄럽다'를 대신할 수 있는 단어에는 무엇이 있을까?

* 결혼식 축가를 어찌나 못 부르는지 듣는 내가 다
  □□□□.

* 몇 번이나 결정을 바꾸는 거야? □□□□□□
  않아?

* 사고만 치고 다니는 아들을 아버지는 □□□□□
  여겼다.

* 그 일은 내게 너무 □□□□□ 일이라 다시는
  생각하고 싶지 않다.

* 두 사람은 계속 마주 보고만 있기가 □□□□
  모양인지 괜히 주위를 두리번거렸다.

*   교수님의 질문에 엉뚱한 대답을 한 나머지
    □□□□ 얼굴이 붉어졌다.

부끄러움은 애석하게도 인간이 가진 망각의 축복을 누리지 못하는 것 같다. 잊고 싶던 기억들은 무단히 내게 틈입해, 그때 그 초라했던 부끄러움을 생생하게 복원해 놓는다. 헝클어지지도 않고 도져버린 수치스러움은 다시금 나를 훑고 지나가며 기어이 무안을 주고서야 돌아서는 것이다.

'쑥스럽거나 수줍다' 또는 '창피하거나 떳떳하지 못하다'라는 뜻의 '부끄럽다'. 이를 대신할 수 있는 것에는 무엇이 있을까?

결혼식 축가를 어찌나 못 부르는지 듣는 내가 다 부끄러웠다.
… 다른 사람이 처한 부끄러운 상황을 보는 것만으로도 내가 고개를 들지 못할 만큼 창피해질 때가 있다. 남의 상황이든, 나의 상황이든 얼굴을 들지 못할 만큼 수줍거나 창피할 때 '**무안하다**'를 쓸 수 있다. '결혼식 축가를 어찌나 못 부르는지 내가 다 무안했다'로 바꿔 보자.

몇 번이나 결정을 번복하는 거야? <u>부끄럽지도</u> 않아?

··· 중요한 일일수록 결정을 번복하는 것은 그다지 모양새가 좋지 않다. 공식적인 일이라면 더욱 그러하겠다. 여기에서는 염치가 없어 얼굴을 보이기가 부끄럽다는 뜻의 '낯부끄럽다'를 써 보면 좋겠다.

사고만 치고 다니는 아들을 아버지는 <u>부끄럽게</u> 여겼다.

··· 우리는 남의 시선으로부터 완벽하게 자유로워질 수 있을까? 부끄럽다는 것은 어쩌면 타인의 시선이 존재하기 때문에 발생하는 감정인지도 모르겠다. 이처럼 창피해서 남을 대하기가 부끄럽다는 뜻의 단어가 있다. '남부끄럽다'이다. '사고만 치고 다니는 아들을 남부끄럽게 여겼다'라고 바꾸어쓰면 되겠다.

그 일은 내게 너무 <u>부끄러운</u> 일이라 다시는 생각하고 싶지 않다.

··· 부끄러움에도 정도가 있다. 가볍게 지나칠 수 있는 것과 그렇지 않은 것이 있다. 매우 창피하고 부끄러워서 그 장면을 다시 떠올리는 것만으로도 몸서리치게 될 때 '수치스럽다'를 쓸 수 있다. 다시는 생각조차 하고 싶지 않은 수치스러웠

던 일들이 불현듯 솟아나지 않길 바랄 뿐이다.

두 사람은 계속 마주 보고 있기가 <u>부끄러운</u> 모양인지 괜히
주위를 두리번거렸다.

… 아직 가까워지지 않은 사이일 때는 무슨 말을 해도 조심스
럽고 빤히 얼굴을 쳐다보기에는 부끄러운 마음이 드는 것이
당연하다. 서로 사귀는 정분이 두텁지 않아 조심스럽고 수
줍고 부끄러운 느낌이 있다는 뜻의 '스스럽다'라는 단어가 있
다. '스스럽다'는 흔히 사용되는 단어가 아니나, 조심스럽고
부끄러운 마음이 드는 상황에 이보다 더 잘 어울리는 단어가
없어 보인다. 한편 조심스럽거나 부끄러운 마음이 없다는 뜻
의 '스스럼없다'는 종종 사용하는데, 이때 '스스럼'은 '스스럽
다'에 '-ㅁ'을 결합해 만든 명사이다.

교수님의 질문에 엉뚱한 대답을 한 나머지 <u>부끄러워서</u>
얼굴이 붉어졌다.

… 가끔 내 생각과 다른 말이 불쑥 나올 때가 있다. 나도 모르
게 질문에 얼토당토않은 대답을 하고 나면 부끄러워진다. 여
러 사람이 내 대답을 기다리고 있었던 상황이라면 더더욱 그
렇다. 겸연쩍고 부끄럽다는 뜻의 '열없다'가 있다. 여기에서

는 '엉뚱한 대답을 한 나머지 열없어서 얼굴이 붉어졌다'로
쓸 수 있겠다.

✲✲ 유의어 사전 ✲✲

- 무안하다 : 얼굴을 들지 못할 만큼 수줍거나 창피하다
- 낯부끄럽다 : 염치가 없어 얼굴을 보이기가 부끄럽다
- 남부끄럽다 : 창피하여 남을 대하기가 부끄럽다
- 수치스럽다 : 매우 창피하고 부끄럽다
- 스스럽다 : 서로 사귀는 정분이 두텁지 않아 조심스럽고
  부끄러운 느낌이 있다
- 열없다 : 겸연쩍고 부끄럽다

* 결혼식 축가를 어찌나 못 부르는지 듣는 내가 다 무안했다.

* 몇 번이나 결정을 번복하는 거야? 낯부끄럽지도 않아?

* 사고만 치고 다니는 아들을 아버지는 남부끄럽게 여겼다.

* 그 일은 내게 너무 수치스러운 일이라 다시는 생각하고 싶지 않다.

* 두 사람은 계속 마주보고만 있기가 스스러운 모양인지 괜히 주위를 두리번거렸다.

* 교수님의 질문에 엉뚱한 대답을 한 나머지 열없어서 얼굴이 붉어졌다.

불안하다

'불안하다'를 대신할 수 있는 단어에는 무엇이 있을까?

---

* 시험 결과를 □□□□□□ 기다리고 있다.

* 사고가 나는 꿈을 꾸고 종일 □□□□□.

* 무슨 일 있어? 왜 이렇게 □□□□이야?

* 혹시나 일이 잘못될까 며칠을 □□□ 보냈다.

추적추적하게 비 내리는 3월의 아침. 새벽녘인지 아닌지조차 분간되지 않는 어스름한 3월의 아침을 나는 지독하게 싫어했다. 소름이 돋을 만큼 냉기가 느껴지는 그 축축한 비를 봄비라고 부르는 것은 가당치도 않은 일이라고 생각했다. 봄이라는 단어는 좀 더 명랑하고 다사로운 것에 어울렸다.

봄비가 유독 못마땅했던 까닭은 새 학기면 기어이 찾아오는 불안감이 봄비의 습기를 먹고 걷잡을 수 없이 번져나가서였다. 내게 새 학기는 낯선 공간을 떠다니다 정착할 어딘가를 찾아야만 하는 시간이었고, 그 시간은 나를 불안케 하기 충분했다.

어떤 상황에서든 누구나 느끼는 불안한 감정. '몸과 마음이 편하지 않다', '분위기가 뒤숭숭하다'의 뜻을 지닌 '불안하다'와 바꾸어 쓸 수 있는 말에는 어떤 것이 있을까?

시험 결과를 <u>불안하게</u> 기다리고 있다.

… 결과를 기다리는 것만큼 긴장되는 일이 또 있을까. 시험 결과든, 수술 결과든, 그게 무엇이 되었든 결과 앞에 선 우리는 꼼짝없이 불안하다. 완벽하게 정답을 써 내려갔다며 합격을 호언장담했을지라도 막상 발표날이 다가오면 행여나 답안을 잘못 써낸 것은 아닌지, 그래서 떨어진 것은 아닌지 염려하게 된다. '닥쳐올 일에 대해 염려가 되어 마음이 불안하

다'라는 뜻의 '조마조마하다'를 '불안하다' 자리에 대신 쓸 수 있다.

사고가 나는 꿈을 꾸고 나서 종일 불안했다.

… 돼지꿈을 꾸고선 슬쩍 복권을 사 본 적이 있다. 물론 당첨되지 않았지만, 당첨이 되면 뭘 할까 고민하느라 그날 하루는 좀 설레었다. 눈을 뜨고선 기억나는 선명한 꿈이 길몽이라 하면 은근히 기분이 좋고, 흉몽이라 하면 괜히 찜찜해서 그날 하루는 좀 조심하자 싶다. 이렇게 괜히 느낌이나 마음이 어수선하고 불안할 때는 '뒤숭숭하다'를 써 볼 수 있겠다.

무슨 일 있어? 왜 이렇게 불안해 해?

… 불안할 때는 몸을 움직이면 불안감이 좀 가라앉는 것 같다. 두 손을 맞대어 비벼 보기도 하고 무릎을 문지르기도 한다. 그것도 모자라면 자리에서 일어나 괜히 주변을 어슬렁거린다. 마음이 불안해서 한 군데에 가만히 앉아 있지 못하고 안절부절못하는 모양을 이르는 말인 '좌불안석'이 여기에 올 수 있겠다. '무슨 일 있어? 왜 이렇게 좌불안석이야?'로 바꾸어 써 보자.

혹시나 일이 잘못될까 며칠을 불안하게 보냈다.

… 우리가 하는 걱정은 거개가 일어나지 않을 일이라고 했던가. 그럼에도 불구하고 나는 매우 구체적인 시나리오를 써가며 비극적인 영화의 한 장면을 그려 보고 있을 때가 있다. 괜한 짓이라는 것을 알면서도 그런 상상을 멈출 수 없을 때가 있다. 그럴 때면 마치 그 일이 실제로 일어난 것처럼 마음은 두근거리고 조마조마하다. '마음이 자꾸 끌려서 참기 어렵다', '두렵고 염려스러워 조마조마하다'는 뜻의 '바잡다'라는 단어가 있다. 혹시나 일이 잘못될까 스스로 들들 볶아대며 며칠을 바잡게 보낸 적은 없는지.

✲✲ 유의어 사전 ✲✲

- 조마조마하다 : 닥쳐올 일에 대해 염려가 되어 마음이 불안하다
- 뒤숭숭하다 : 느낌이나 마음이 어수선하고 불안하다
- 좌불안석 : 불안해서 한군데에 가만히 앉아 있지 못하고 안절부절못하는 모양을 이르는 말
- 바잡다 : 두렵고 염려스러워 조마조마하다

* 시험 결과를 조마조마하게 기다리고 있다.

* 사고가 나는 꿈을 꾸고 종일 뒤숭숭하다.

* 무슨 일 있어? 왜 이렇게 좌불안석이야?

* 혹시나 일이 잘못될까 며칠을 바잡게 보냈다.

: 19 :

불편하다

'불편하다'를 대신할 수 있는 단어에는 무엇이 있을까?

* 그날 이후 그와 만나는 것이 □□□□.

* 만날 때마다 남의 흉만 보는 그와 이야기하는 것이
  이제 좀 □□□□.

* 추석 내내 기름진 음식을 많이 먹었더니 속이
  □□□□□.

'우리'라는 말만큼 이중적인 말이 있을까. '우리'라는 말을 입 밖으로 꺼내는 순간, 너와 나는 한 공간 속에서 모든 것을 함께 해 나가는 운명 공동체가 된다. 혼자가 아니라니 이 얼마나 힘이 되는 따뜻한 말인가. 그런데 이 달콤한 소속감은 이내 태세를 전환해 은근슬쩍 생채기를 낸다.

"우리는 왜 항상 이 모양이니?"

"우리가 하는 일이 맨날 그렇지, 뭐."

당신의 좌절에 나를 기어코 탑승시키려는 이 말이 나는 영 불편하다. 제대로 된 방어 한 번 못 해 보고 얼떨결에 너에게 소속된 것이 억울하다.

'불편하다'는 어떤 것을 사용하거나 이용하는 것이 거북하거나 몸이나 마음이 편하지 않고 괴로울 때, 혹은 다른 사람과의 관계가 편하지 않을 때 사용한다. '불편하다'와 바꾸어 쓸 수 있는 말에는 무엇이 있을까.

그날 이후 그와 만나는 것이 불편하다.

… 어떤 이유에서건 불편해져 버린 사람을 만나는 일은 힘들다. 몸이나 마음이 불편하고 거북하다는 뜻을 가진 '편찮다'와 '편편찮다'가 있다. 이 둘은 똑같은 뜻으로 쓴다. '그와 만나는 것이 편찮다', '그 자리가 편찮아서 식사를 제대로 할 수 없었다'와 같이 쓸 수 있다. '편찮다'는 '편하지 않다'의 줄

임말로 '편챦다'로 쓰는 것은 틀렸다.

만날 때마다 남의 흉만 보는 그와 이야기하는 것이 이제 좀 불편하다.

… 남의 흉을 보며 카타르시스를 느끼는 사람들이 있다. 한두 번도 아니고 얼굴도 모르는 사람의 험담을 듣고 있자면 불온하게 즐기는 그의 쾌락에 내가 동원된 것 같아 불편해진다. 여기에서는 '마음이 어색하고 겸연쩍어 편하지 않다'라는 뜻의 '거북하다'를 '불편하다' 대신 쓸 수 있다.

추석 내내 기름진 음식을 많이 먹었더니 속이 불편하다.

… 이 문장에서 '불편하다'의 자리를 대신할 수 있는 단어는 '까끄름하다'이다. 다소 생소하나, 이 단어가 온몸으로 풍기는 느낌이나 소리에서 불편함이 느껴진다. '까끄름하다'는 '편안하지 못하고 불편한 데가 있다'라는 뜻으로 '속이 까끄름하다', '사소한 일로 다퉜을 뿐인데 그 이후로 그 친구와 까끄름해졌다'와 같이 사용할 수 있다.

○ 편찮다/편편찮다 : 몸이나 마음이 불편하고 거북하다

○ 거북하다 : 마음이 어색하고 겸연쩍어 편하지 않다

○ 까끄름하다 : 편하지 못하고 불편한 데가 있다

✲ 그날 이후 그와 만나는 것이 편편찮다.

✲ 만날 때마다 남의 흉만 보는 그와 이야기하는 것이 이제 좀 거북하다.

✲ 추석 내내 기름진 음식을 많이 먹었더니 속이 까끄름하다.

: 20 :

비슷하다

'비슷하다'를 대신할 수 있는 단어에는 무엇이 있을까?

* 올해 추석 차례상 비용은 작년과 □□□ 수준이다.

* 우수한 졸업 논문 두세 편을 제외하고는 대개가
  □□□□□ 수준이었다.

* 두 팀의 실력이 □□□□□ 쉽게 승부가 나지
  않는다.

* 설문조사 결과, 이십 대와 삼십 대의 응답이
  □□□ 수치로 나타났다.

* 두 사람은 생김새가 □□□□□ 멀리서 보면 누가
  누구인지 구별하기가 쉽지 않다.

머릿속을 떠다니는 생각에 단어를 입혀 문장으로 탄생시키는 일은 말처럼 쉽지 않다. 어울릴 줄 알았는데 막상 입혀보면 남의 옷을 입은 것처럼 영 어울리지 않을 때가 있다. 그럼 그때부터 갈아입힐 단어를 고심하기 시작하는데, 그만그만한 단어들이 산만하게 온 머릿속을 헤매기만 할 뿐, 딱 들어맞는 단어가 좀처럼 떠오르지 않을 때가 많다.

비슷비슷한 단어들의 머릿속 배회. '비슷하다'는 두 개의 대상이 똑같지는 않지만, 전체적 또는 부분적으로 일치하는 점이 많다는 뜻의 단어이다. 서로 비슷비슷하고 엇비슷하기도 하고 비스름하고 유사하고 그만그만한, '비슷하다'와 비슷한 단어들에는 무엇이 있을까?

올해 추석 차례상 비용은 작년과 <u>비슷한</u> 수준이다.

… '비슷하다'를 대신해 가장 만만하게 꺼내쓸 수 있는 단어는 아마도 '유사하다'가 아닐까 싶다. 서로 비슷하다는 뜻의 '유사하다'는 '비슷하다'의 자리를 자주 대신할 수 있는 단어이다. '올해 추석 차례상 비용은 작년과 유사한 수준이다'와 같이 쓰면 되겠다.

우수한 졸업 논문 두세 편을 제외하고는 대개가 <u>비슷한</u> 수준이었다.

… 여럿이 다 비슷할 때 '그만그만하다'를 쓴다. '고만고만하다'와 '비등비등하다'도 동일하게 사용할 수 있다. '그만그만한 나이의 아이들이라 서로 잘 어울려 논다'와 같이 쓰며, 여기에서는 '우수한 졸업 논문 두세 편을 제외하고는 대개가 그만그만한 수준이었다'로 바꾸면 되겠다.

　두 팀의 실력이 <u>비슷해서</u> 쉽게 승부가 나지 않는다.

… 이 경우에는 바꾸어 쓸 수 있는 단어가 여럿 있다. 어지간히 거의 비슷하다는 뜻의 '**엇비슷하다**', 서로 엇비슷해서 다를 바가 없다는 뜻의 '**어금지금하다**' 등으로 바꿀 수 있다. '올해 최저임금 인상률은 지난해와 어금지금하다', '초기에 코로나바이러스를 잘 통제했던 나라들도 시간이 지나자 사정은 어금지금해졌다'와 같이 쓸 수 있다. '어금지금하다'와 같은 뜻의 단어로 '**어금버금하다**'가 있다. '실력이 엇비슷해서/어금지금해서/어금버금해서 승부가 나지 않는다'로 바꾸어 보자.

설문조사 결과, 이십 대와 삼십 대의 응답이 비슷한 수치로
나타났다.

… 수치나 금액, 값이 거의 같을 만큼 비슷하다고 할 때 '근사
하다'를 써 볼 수 있다. '근사하다'가 수치가 비슷할 때만 사용
하는 것은 아니지만 주로 '금액이 근사하게 맞아떨어졌다',
'근사한 값을 나타낸다'로 사용될 때가 많다.

두 사람은 생김새가 비슷해서 멀리서 보면 누가 누구인지
구별하기가 쉽지 않다.

… 경상도 사투리 중에서 '비스무리하다'라는 말이 있다. '비
스무리하다'는 '비슷하다'라는 뜻의 사투리다. 부산에서 자
란 나는 '비스무리하다'가 비슷하다의 의미를 가장 실감 나
게 표현하는 단어라 느낀다. 같은 듯 같지 않은, 닿을 듯 닿지
않는 느낌을 준달까. '비스무리하다'의 이런 느낌을 그대로
담은 표준어가 있다. '비스름하다'이다. '비스름하다'는 거의
비슷하다는 뜻으로 사용한다. '두 사람은 생김새가 비스름해
서 멀리서 보면 누가 누구인지 구별하기 쉽지 않다'와 같이
쓸 수 있다.

○ 유사하다 : 서로 비슷하다

○ 그만그만하다/고만고만하다/비등비등하다 : 여럿이 다
   비슷하다

○ 엇비슷하다 : 어지간히 거의 비슷하다

○ 어금지금하다/어금버금하다 : 서로 엇비슷해서 다를 바
   가 없다

○ 근사하다 : 수치나 금액, 값이 거의 같을 만큼 비슷하다

○ 비스름하다 : 거의 비슷하다

---

* 올해 추석 차례상 비용은 작년과 유사한 수준이다.

* 우수한 졸업 논문 두세 편을 제외하고는 대개가
   그만그만한 / 고만고만한 / 비등비등한 수준이었다.

* 두 팀의 실력이 엇비슷해서 / 어금지금해서 /
   어금버금해서 쉽게 승부가 나지 않는다.

* 설문조사 결과, 이십 대와 삼십 대의 응답이 근사한
   수치로 나타났다.

* 두 사람은 생김새가 비스름해서 멀리서 보면 누가
   누구인지 구별하기가 쉽지 않다.

: 20 : 비슷하다

: 21 :
비웃다

'비웃다'를 대신할 수 있는 단어에는 무엇이 있을까?

~~~~~~

* 삼촌은 나에게 겨우 그런 회사에 취직했느냐고
  □□□□□ 무시했다.

* 그의 □□□□□□ 말투를 더 이상 참을 수
  없어서 이제 만나지 않으려고.

* 번복되는 그의 거짓말에 누리꾼들은 이제 그를
  대놓고 □□□□ 시작했다.

* 내가 무슨 말을 할 때마다 □□□□□□□□, 정말
  기분이 나빴어.

* 세상 사람들이 모두 다 나를 □□□□ 너만은
  그러지 마라.

~~~~~~

그가 허풍을 늘어놓자 한자리에 있던 사람들은 두세 명씩 짝을 지어 눈빛을 교환하기 시작했다. 소리 없이 움직이는 입술은 연신 '뭐야'를 내뱉고 있었고, 한쪽 끝을 추어올린 그들의 입술 사이로 바람이 새어 나오기 시작했다.

상황을 눈치챈 듯 그의 흰소리가 무안하게 사라지고 나니, 비식거리는 웃음에 동참하는 대신 무슨 말이냐고 차라리 대놓고 물어볼 걸 그랬다는 후회가 몰려왔다. 어떤 이유에서건 비웃음은 비겁한 것이었다.

'비웃다'는 어떤 사람, 또는 그의 행동을 어처구니가 없다고 여겨 업신여기거나 그런 태도로 웃는 것을 말한다. '비웃다'와 바꾸어 쓸 수 있는 말에는 무엇이 있을까?

삼촌은 나에게 겨우 그런 회사에 취직했느냐고 비웃으며
무시했다.

… 여기에서는 남을 은근히 비웃으며 자꾸 비꼬는 말을 하거나 놀린다는 뜻의 '**빈정거리다**'를 대신 쓸 수 있겠다. 남을 비웃고 비꼬아서 얻는 것은 나의 불온한 쾌락을 충족시키는 것 그 이상도 이하도 아니다. '삼촌은 나에게 겨우 그런 회사에 취직했느냐고 빈정거리며 무시했다'라고 바꿔 쓸 수 있다.

그의 비웃는 말투를 더 이상 참을 수가 없어서 이제 만나지
않으려고.

… 이야기를 나누다 보면 알 수 없이 기분이 나빠질 때가 있
다. 드러내 놓고 마음 상하는 이야기가 오간 것도 아닌데, 곱
씹어 보면 '나 기분 나빠지라고 한 말인가?' 싶은 말들이 있
다. 빨리 상황을 알아채지 못하는 나의 둔함에 부아가 치밀
때도 있지만, 한편으론 비웃는 듯 아닌 듯 말하는 화법도 기
술이다 싶어 허탈한 감탄을 하게 된다.

자꾸 비웃는 말을 하며 놀린다는 뜻의 '비아냥거리다'가 있
다. '그의 비아냥거리는 말투를 더 이상 참을 수가 없어서 이
제 만나지 않으려고'와 같이 바꾸어 써 보자.

반복되는 그의 거짓말에 누리꾼들은 이제 그를 대놓고
비웃기 시작했다.

… 이랬다저랬다 하는 것도 모자라, 자기가 유리한 대로 거짓
말을 하는 사람들은 신임을 얻기도 어려울뿐더러 얕잡히기
도 딱 좋다. 이 문장에서는 '상대를 얕보거나 놀리거나 흥을
보듯이 웃다', '흥보듯이 빈정거리거나 업신여기다'는 뜻의
'조소하다'를 한번 사용해 보자.

내가 무슨 말을 할 때마다 <u>비웃는데</u>, 정말 기분이 나빴어.

… 빈정거리면서 계속 비웃을 때 쓰는 말이 있다. '비식비식하다', '비식거리다'이다. 딴에는 진지하게 이야기하고 있는데 계속 비식거리고 있으면 화를 내는 것보다 더 기분이 나쁠 것 같다. 여기에서는 '내가 무슨 말을 할 때마다 비식거리는데 정말 기분이 나빴다'라고 쓰면 된다.

세상 사람들이 모두 다 나를 <u>비웃어도</u> 너만은 그러지 마라.

조롱하며 비웃는다는 뜻의 '비소하다'라는 단어가 있다. 남을 업신여기면서 빈정거릴 때 쓰는 단어다. '세상 사람들이 모두 다 나를 비소해도 너만은 그러지 마라'라고 바꿔 쓸 수 있다.

⁂ 유의어 사전 ⁂

- 빈징거리다 : 남을 은근히 비웃으며 자꾸 비꼬는 말을 하거나 놀리다
- 비아냥거리다 : 자꾸 비웃는 말을 하며 놀리다
- 조소하다 : 흉을 보듯 빈정거리거나 업신여기다 또는 그렇게 웃다
- 비식비식하다/비식거리다 : 자꾸 빈정거리면서 웃다
- 비소하다 : 조롱하며 비웃다

* 삼촌은 나에게 겨우 그런 회사에 취직했느냐고 빈정거리며 무시했다.

* 그의 비아냥거리는 말투를 더 이상 참을 수가 없어서 이제 만나지 않으려고.

* 반복되는 그의 거짓말에 누리꾼들은 이제 그를 대놓고 조소하기 시작했다.

* 내가 무슨 말을 할 때마다 비식비식하는데 / 비식거리는데, 정말 기분이 나빴어.

* 세상 사람들이 모두 다 나를 비소해도 너만은 그러지 마라.

: 22 :

빈틈없이

'빈틈없이'를 대신할 수 있는 단어에는 무엇이 있을까?

* 지금의 경제 위기를 극복하기 위해 어떤 준비가
  필요한지 □□□ 살펴보겠다.

* 시범운영을 통해 개선점과 성과를 □□□ 분석할
  계획이다.

* 인허가를 받기 위해서는 제품이 안전기준을
  만족하는지 □□□ 검토해야 한다.

* 김 감독은 선수들의 훈련 계획을 □□□□□
  검토했다.

* 그는 철저하고 □□□□□□ 일을 처리하기
  때문에 사장의 인정을 받았다.

내 집 여기저기에는 잡동사니들의 무리가 밀도 높게 포진해 있다. 오래된 물건들은 텃세를 부리듯 요지부동 버티고 앉아 있고, 새 물건들은 그 주변에 어정쩡하게 늘어서 있다. 곤도 마리에는 '설레지 않으면 버리라'라고 했지만, 나는 어쩐지 물건들의 이 빈틈없는 밀집이 달갑다. 하나쯤 좀 비뚤하게 흩어져 있어도 언제든 너그럽게 이해받을 수 있을 것만 같달까.

물건과 달리 사람은 빈틈이 좀 있는 쪽이 좋다. 빈틈없는 사람들은 어물쩍거리며 넘어갈 수도 있는 내 허술함을 단번에 바르집어 낼 것만 같다. 한 번쯤은 그럴 수도 있다고, 괜찮다는 위로를 받지 못할 것 같아 빈틈없는 사람 앞에 서면 왠지 신경이 곤두서고 긴장된다.

'비어 있는 사이가 없이', 또는 '허술하거나 부족한 점이 없이'의 뜻을 지니는 '빈틈없이'를 대신할 수 있는 단어에는 무엇이 있을까?

지금의 경제 위기를 극복하기 위해 어떤 준비가 필요한지 빈틈없이 살펴보겠다.

··· 위기 상황을 극복하기 위한 준비는 자세하고도 빈틈없이 하는 것이 좋겠다. 따라서 여기에서는 '자세하고 빈틈이 없이'라는 뜻의 '면밀히'를 '빈틈없이'와 바꾸어 쓸 수 있겠다.

'면밀히'는 주로 '분석하다', '검토하다', '살펴보다', '조사하다'와 같은 동사와 자주 쓴다.

　　시범운영을 통해 개선점과 성과를 <u>빈틈없이</u> 분석할
　　계획이다.

… '빈틈없이'와 유사한 뜻으로 가장 흔히 쓰는 말은 아마도 '꼼꼼히'일 것이다. '꼼꼼히'는 '빈틈이 없이 자세하고 차분하게'라는 뜻이다. '개선점과 성과를 꼼꼼히 분석할 계획이다'와 같이 쓸 수 있다. '꼼꼼히'는 '확인하다', '따져 보다', '살펴보다' 등과 잘 어울린다.

　　인허가를 받기 위해서는 제품이 안전기준을 만족하는지
　　<u>빈틈없이</u> 검토해야 한다.

… 빈틈없는 상태에 치밀함이 더해진 단어가 있다. '아주 정교하고 치밀하여 빈틈없이 자세하게'라는 뜻의 '정밀히'가 있다. 한 치의 오차도 없을 것만 같은 느낌을 주는 단어다. '정밀히'는 '제작하다', '만들다', '분석하다'와 같은 단어와 자주 쓴다.

김 감독은 선수들의 훈련 계획을 <u>빈틈없이</u> 검토했다.

… 빈틈이 없기 위해서는 세심한 주의를 기울일 필요가 있다. 세세하게 주의를 기울여 빈틈이 없다는 뜻의 '주도면밀히'가 있다. 감독은 선수들의 훈련 계획을 주도면밀히 검토할 필요가 있다.

그는 철저하고 <u>빈틈없이</u> 일을 처리하기 때문에 사장의
인정을 받았다.

… '주도면밀하다'와 더불어 떠오르는 단어가 있다. '용의주도하다'이다. '용의주도하다'는 '꼼꼼히 마음을 써서 일에 빈틈이 없다'라는 뜻이다. '용의주도한 범행'으로 종종 사용되는 바람에 마치 용의주도하다가 부정적인 의미를 가진 것 같은 느낌이 들지만 실제로 꼭 그렇지는 않다.

✽✽ 유의어 사전 ✽✽

- 면밀히 : 자세하고 빈틈이 없이

- 꼼꼼히 : 빈틈이 없이 자세하고 차분하게

- 정밀히 : 아주 정교하고 치밀하여 빈틈없이 자세하게

- 주도면밀히 : 세세하게 주의를 기울여 빈틈이 없이

- 용의주도하다 : 꼼꼼히 마음을 써서 일에 빈틈이 없다

* 지금의 경제 위기를 극복하기 위해 어떤 준비가
  필요한지 면밀히 살펴보겠다.

* 시범운영을 통해 개선점과 성과를 꼼꼼히 분석할
  계획이다.

* 인허가를 받기 위해서는 제품이 안전기준을
  만족하는지 정밀히 검토해야 한다.

* 김 감독은 선수들의 훈련 계획을 주도면밀히
  검토했다.

* 그는 철저하고 용의주도하게 일을 처리하기 때문에
  사장의 인정을 받았다.

:22: 빈틈없이

빠르다

'빠르다'를 대신할 수 있는 단어에는 무엇이 있을까?

* 집 꾸미기 열풍이 불자 유통업계는 그에 □□□□ 대응했다.

* 갈매기가 □□□ 날아와 순식간에 물고기를 낚아챘다.

* □□□ 복구가 이루어질 수 있도록 최선을 다하겠습니다.

* 아이들은 부모의 말과 행동에 □□□□ 반응한다.

* 그는 어려운 일도 □□□□ 해결한다.

키오스크 앞에 서면, 마치 시험대에 오른 느낌이다. 시험 과목은 <이 시대의 변화에 얼마나 잘 따라가고 있는가> 정도가 되겠다. 두어 번의 머뭇거림과 헛손질은 있었지만, 정신을 총동원한 덕에 무사히 영수증을 받아낸다. 이 정도면 그럭저럭 시험을 잘 치러낸 것이 아닌가! 그런데 자꾸 미심쩍다. 키오스크와 나와의 의사소통은 성공적이었을까, 아닐까. 음식이 나올 때까지 괜히 조마조마하다.

새것을 받아들이는 나의 재빠름은 점점 후퇴해가는데 세상의 변화는 보란 듯 속력을 올린다. 흉내만 내며 뒤좇아가기에도 벅찬 그 속도감 속에서 내가 원하는 대로 내 삶을 직조하며 살아갈 수 있을까.

'빠르다'는 어떤 동작을 하는 데 걸리는 시간, 또는 어떤 일이 이루어지는 과정이 짧을 때 쓴다. '빠르다'와 바꾸어 쓸 수 있는 말에는 무엇이 있을까?

집 꾸미기 열풍이 불자 유통업계는 그에 <u>빠르게</u> 대응했다. … 여기에서는 '재빠르다'를 꺼내 볼 수 있다. '재빠르다'는 동작 따위가 재고 빠르다는 뜻으로 이 단어를 떠올리면 머뭇거리지 않고 민첩하게 하는 동작이나 행동이 연상된다. '재빠르다'와 동일하게 쓸 수 있는 단어로 '재다'가 있으며 이 역시 동작이 빠를 때 쓰는 단어다. '손놀림이 재빠르다/재다', '행동이 재빠르다/재다', '시간이 없어서 재빠르게/재게 일을 해 나갔다'와 같이 쓸 수 있다. 여기에서는 '유통업계는 그에 재 빠르게 대응했다'로 쓰면 된다.

갈매기가 빠르게 날아와 순식간에 물고기를 낚아챘다.

… '저들도 한 끼 해결하기 쉽지 않겠군.' 새들이 물고기를 낚 아채는 순간을 볼 때마다 드는 생각이다. 그냥 빠른 정도만 으로는 물고기 한 마리도 낚기 어려워 보인다. 물고기를 낚 으러 하강할 때 바람이 일 정도로 빨라야 동료들을 제치고 그 순간의 승자가 될 것 같다. 이처럼 적당히 빠른 정도가 아 닌 '움직임이 가볍고 매우 빠르다'라는 의미로 쓰고 싶을 때 는 '날쌔다' 또는 '사람이나 동물의 움직임이 나는 듯이 빠르 다'라는 뜻의 '날래다'가 어울리겠다. '김 선수는 큰 키에도 몸 이 둔하지 않고 날래서 공격수로 손색이 없다'와 같이 쓸 수 있으며 위의 문장에서는 '갈매기가 날쌔게 날아와 물고기를 낚아챘다'로 쓰면 된다.

빠른 복구가 이루어질 수 있도록 최선을 다하겠습니다.

… 사고나 문제가 발생하면 해결을 해야 한다. 문제 해결은 빠르면 빠를수록 좋다. 이 경우 '빠르다'와 바꾸어 쓸 수 있는

단어로 '조속하다'가 있다. 이르고도 빠르다는 뜻의 '조속하다'는 주로 수습, 해결, 복구, 시행과 같은 단어와 자주 사용한다.

아이들은 부모의 말과 행동에 <u>빠르게</u> 반응한다.

… 일종의 생존 전략인 건지 아이들은 부모가 하는 말이나 행동이 어떤 감정과 뜻에서 나온 것인지 기가 막히게 알아차린다. 눈치가 빠르고 동작이 재빠를 때 사용할 수 있는 단어는 '기민하다'이다. 아이들이 부모의 말과 행동에 기민하게 반응하는 것처럼 우리는 아무래도 자신에게 중요한 일이나 대상에 대해 기민하게 반응하게 된다.

그는 어려운 일도 <u>빠르게</u> 해결한다.

… 생기가 있고 재치가 빠른 사람을 두고 '촉빠르다'라는 단어를 쓴다. 어떤 일에 대한 판단이 빠른 사람에게도 사용한다. 힘차고 빠릿빠릿하게 문제를 해결하고 일을 해나가는 사람이 있다면 '촉빠르다'라는 단어를 사용해 보자. '그는 어려운 일도 촉빠르게 해결한다'로 바꾸면 된다.

✲ 유의어 사전 ✲

- ○ 재빠르다 / 재다 : 동작 따위가 재고 빠르다
- ○ 날쌔다 : 움직임이 가볍고 매우 빠르다
- ○ 날래다 : 사람이나 동물의 움직임이 나는 듯이 빠르다
- ○ 조속하다 : 이르고도 빠르다
- ○ 기민하다 : 눈치가 빠르고 동작이 재빠르다
- ○ 촉빠르다 : 생기가 있고 재치가 빠르다

- ✲ 집 꾸미기 열풍이 불자 유통업계는 그에 재빠르게 / 재게 대응했다.

- ✲ 갈매기가 날쌔게 / 날래게 날아와 순식간에 물고기를 낚아챘다.

- ✲ 조속한 복구가 이루어질 수 있도록 최선을 다하겠습니다.

- ✲ 아이들은 부모의 말과 행동에 기민하게 반응한다.

- ✲ 그는 어려운 일도 촉빠르게 해결한다.

뻔뻔하다

'뻔뻔하다'를 대신할 수 있는 단어에는 무엇이 있을까?

* 그는 이번 사고의 책임자임에도 모르는 척하는
  □□□였다.

* 그는 오염수를 마셔도 된다는 일본의 주장이
  □□□□□□ 비판했다.

* 후원금을 횡령한 김 의원의 □□□□ 행각이 속속
  드러나고 있다.

* 논문을 표절했다는 것이 밝혀졌음에도 그의
  □□□□□ 태도는 달라지지 않았다.

* 빌려준 돈을 도박으로 다 잃고도 또 돈을 빌리러
  왔다니 정말 □□□□.

*   그는 거짓말로 사람들을 다 속여 놓고 언제

      그랬냐는 듯 □ □ □ □ □ □ 굴었다.

뻔뻔함은 욕심의 또 다른 변주곡이다. 양심의 경계선에서 염치가 민망한 듯 고개를 내밀어 보지만, 막무가내로 들이닥치는 뻔뻔함을 당해낼 재간이 없다. 뻔뻔함이 몰려오는 순간에는 그것이 무엇이 되었든, 두루뭉술 뭉개고 떼어낸 몰랐던 듯 우기고 지나가는 것쯤이야 아무것도 아닌 일이 된다. 그러나 능숙한 연기가 끝나고 나면 그때의 내 모습은 꽤 오랫동안 잔상으로 남는다. 내게 득이 되었으니 좀 뻔뻔했으면 어떠냐고 애써 위로하지만, 나도 몰랐던 내 치부를 본 것은 도리어 내게 상처가 되고 만다.

'부끄러운 짓을 하고도 태연하고 당당하다'라는 뜻의 '뻔뻔하다'를 대신할 수 있는 단어에는 무엇이 있을까?

그는 이번 사고의 책임자임에도 모르는 척하는 <u>뻔뻔한</u>
사람이었다.

… '뻔뻔한 사람'을 대신할 수 있는 말로는 무엇이 있을까? 흔히 들어 익히 알고 있는 단어 '철면피'가 있다. '철면피'는 쇠

로 만든 낯가죽이라는 뜻으로, 염치가 없고 뻔뻔한 사람을
이른다. 철면피라면 웬만한 일에는 부끄러움을 느끼지 않을
것 같다. 여기에서는 '그는 이번 사고의 책임자임에도 모르
는 척하는 철면피였다'로 쓰면 되겠다.

그는 오염수를 마셔도 된다는 일본의 주장이 <u>뻔뻔하다며</u>
비판했다.

… 부끄러움을 아는 마음을 '염치'라고 한다. 염치가 있었다
면 오염수를 마셔도 안전하다는 주장 따위는 할 수 없지 않
았을까. 부끄러움을 아는 마음이 없을 때 우리는 '염치가 없
다'라고 표현할 수도 있지만, 한 줌 염치도 남아 있지 않았다
는 것을 더 강하게 이야기할 때 '몰염치하다'를 쓸 수 있겠다.
'오염수를 마셔도 된다는 일본의 주장이 몰염치하다며 비판
했다'라고 바꾸어 보자.

후원금을 횡령한 김 의원의 <u>뻔뻔한</u> 행각이 속속 드러나고
있다.

… 후원금 횡령은 그 어떤 횡령보다도 뻔뻔해야 가능할 것 같
다. '뻔뻔하다'보다 더 뻔뻔할 것 같은 느낌의 단어가 있다.
'파렴치하다'이다. '파렴치하다'는 염치를 모르고 뻔뻔스럽다

는 뜻으로, 비도덕적이거나 범죄와 관련한 상황에 어울린다. 여기에서는 '후원금을 횡령한 김 의원의 파렴치한 행각이 속 속 드러나고 있다'라고 바꾸어 쓰면 되겠다.

논문을 표절했다는 것이 밝혀졌음에도 김 후보의 <u>뻔뻔한</u>
태도는 달라지지 않았다

… 뻔뻔하고 부끄러움이 없을 때 쓸 수 있는 또 다른 단어가 있다. '후안무치하다'이다. '후안무치하다'는 선거철이 되면 상대 후보를 비방할 때 정치 뉴스에서 하루가 멀다고 사용되는 단어가 아닐까 싶다. '논문을 표절했다는 것이 밝혀졌음에도 김 후보의 후안무치한 태도는 달라지지 않았다'라고 쓰면 되겠다.

빌려준 돈을 도박으로 다 잃고도 또 돈을 빌리러 왔다니
정말 <u>뻔뻔하다.</u>

… 앞서 염치가 없고 뻔뻔한 사람을 두고 '철면피'라고 불렀다. 이는 낯을 쇠로 만든 것처럼 두껍다는 뜻으로 뻔뻔함을 이르는 말인데, 말 그대로 '낯두껍다'라는 단어가 있다. '낯두껍다'도 역시 염치가 없고 뻔뻔하다는 뜻이다. '빌려준 돈을 도박으로 다 잃고 또 돈을 빌리러 왔다니 정말 낯두껍다'라

고 바꾸어 보자.

그는 거짓말로 사람들을 다 속여 놓고 언제 그랬냐는 듯
<u>뻔뻔</u>하게 굴었다.

… 이번에는 조금도 부끄러워하는 기색이 없고 비위가 좋다
는 뜻의 '언죽번죽하다'를 생각해 보자. '언죽번죽하다'는 흔
히 쓰는 단어는 아니지만, 뻔뻔스럽게 행동하고선 아무 일도
없었다는 듯 유들거리는 사람에게 꼭 어울리는 단어이다.

✲✲ 유의어 사전 ✲✲

○ 철면피 : 쇠로 만든 낯가죽이라는 뜻으로 염치가 없고 뻔
　　뻔한 사람을 낮잡아 이르는 말

○ 몰염치하다 : 체면을 차릴 줄 알거나 부끄러움을 아는 마
　　음이 없다 / 염치가 없다

○ 파렴치하다 : 염치를 모르고 뻔뻔스럽다

○ 후안무치하다 : 뻔뻔스러워 부끄러움이 없다

○ 낯두껍다 : 염치가 없고 뻔뻔하다

○ 언죽번죽하다 : 조금도 부끄러워하는 기색이 없고 비위
　　가 좋다

* 그는 이번 사고의 책임자임에도 모르는 척하는 철면피였다.

* 그는 오염수를 마셔도 된다는 일본의 주장이 몰염치하다며 비판했다.

* 후원금을 횡령한 김 의원의 파렴치한 행각이 속속 드러나고 있다.

* 논문을 표절했다는 것이 밝혀졌음에도 그의 후안무치한 태도는 달라지지 않았다.

* 빌려준 돈을 도박으로 다 잃고도 또 돈을 빌리러 왔다니 정말 낯두껍다.

* 그는 거짓말로 사람들을 다 속여 놓고 언제 그랬냐는 듯 언죽번죽하게 굴었다.

ㅅ
ㅇ

: *25* :

살펴보다

'살펴보다'를 대신할 수 있는 단어에는 무엇이 있을까?

---

* 복잡해 보이지만 □□□ 보면 그 원리를 이해할 수
  있다.

* 아이들이 보는 만화 영화를 □□□□ 성평등
  관점에서 문제 되는 부분이 많다.

* 우리 회사는 하반기 유럽 수출 가능성을 □□□
  보고 있다.

* 서울시는 코로나19로 변화된 사회 여러 모습을
  □□□□ 위한 포럼을 개최했다

작년 봄, 고무나무를 들였다. 길 가다 우연히 들른 화원에서 홀린 듯 내 키만 한 나무를 데려온 것이다. 여기에는 주인 아주머니 말씀도 한몫했다.

"그냥 창가 아무 데나 놔두고 물만 주면 잘 커요. 생각날 때 한 번씩만 들여다보면 돼."

손이 안 가는데 이렇게 넘쳐나는 생명력을 매일 볼 수 있다니. 마다할 이유가 없었다.

나는 아주머니의 말씀을 곧이곧대로 잘 지켰다. 아무 데나 놔두고 때가 되면 물을 주었다. 그러곤 몇 달이 지나서였나. 이파리가 우수수 떨어지기 시작했다. 이울기 시작한 이파리는 낙하를 멈추지 않았고, 짙은 생명력은 그만 기울고 말았다.

물만 주면 잘 큰다면서요.

아주머니를 탓하다 문득 그분의 말씀을 돌이켜 보니, 해와 바람이 잘 드는 곳에서 물을 주고 틈틈이 살펴보란 뜻이었음을 뒤늦게 깨달았다.

살펴보는 것은 관심에서 출발한다. 고무나무를 자세히 보고 상태를 알아보는 '살펴봄'이 필요했던 것이다. 두루두루 자세히 보고 무엇을 찾거나 알아보고 자세히 따져 생각한다는 뜻을 가진 '살펴보다'. 바꾸어 쓸 수 있는 말에는 무엇이 있을까?

복잡해 보이지만 깊이 <u>살펴보면</u> 그 원리를 이해할 수 있다.

… 복잡하고 어려운 것일수록 충분히 살펴봐야 한다. 이때는 무엇인가를 자세히 살펴본다는 뜻의 '숙찰하다'가 어울리겠다. '숙찰하다'는 '살펴보다'가 주는 느낌보다 훨씬 더 농도가 짙다. '이 영화는 우리에게 인생의 의미에 대해 진지하게 숙찰해 볼 수 있는 기회를 준다'와 같이 쓸 수 있다.

아이들의 만화 영화를 <u>살펴보면</u> 성평등 관점에서 문제되는 부분이 많다.

… 별생각 없이 볼 땐 모르다가 여기저기 자세히 살펴보면 의외의 문제점을 발견할 때가 많다. 이런 면 저런 면을 자세히 살펴볼 때는 '뜯어보다'라는 단어를 쓸 수 있다. 붙어서 엉겨 있는 것을 하나하나 뜯어내어 속을 살피는 것이니 그 어떤 행위보다도 자세히 살펴볼 수 있을 것 같다.

우리 회사는 하반기 유럽 수출 가능성을 <u>살펴보고</u> 있다.

… 현재가 아니라 미래에 일어날 일에 대해 자세히 따져 생각해 볼 때는 어떤 단어를 쓸 수 있을까? 속시원히 알 수 없는 남의 마음이나 사정, 미래에 있을 일에 대해 살펴볼 때는 '타진하다'라는 단어를 쓸 수 있다. '그는 K리그 이적을 타진하

고 있다', '중국의 의존을 탈피하고 국내 생산을 타진하고 있다'와 같이 사용한다.

서울시는 코로나19로 변화된 사회 여러 모습을 <u>살펴보기</u>위한 포럼을 개최했다.

… '살펴보다'보다 더 면밀하게 현상이나 상황을 살피고 싶다면 '톺아보다'라는 단어가 제격이다. '톺아보다'는 틈이 있는 곳마다 모조리 더듬어 뒤지면서 찾는다는 뜻의 '톺다'에서 나온 말이다. 여기저기 모조리 샅샅이 뒤지면서 찾아 살펴본다는 뜻으로, 하나도 남김없이 살펴볼 때 사용할 수 있겠다. '서울시는 코로나19로 변화된 사회 여러 모습을 톺아보기 위한 포럼을 개최했다'로 문장을 바꾸어 쓸 수 있다.

✳ 유의어 사전 ✳

○ 숙찰하다 : 자세히 살펴보다

○ 뜯어보다 : 이모저모로 자세히 살피다

○ 타진하다 : 남의 마음이나 사정을 미리 살펴보다

○ 톺아보다 : 여기저기 모조리 샅샅이 뒤지면서 찾아 살펴
　　보다

* 복잡해 보이지만 숙찰해 보면 그 원리를 이해할 수
있다.

* 아이들이 보는 만화 영화를 뜯어보면 성평등
관점에서 문제 되는 부분이 많다.

* 우리 회사는 하반기 유럽 수출 가능성을 타진해
보고 있다.

* 서울시는 코로나19로 변화된 사회 여러 모습을
톺아보기 위한 포럼을 개최했다.

: 26 :

서늘하다

'서늘하다'를 대신할 수 있는 단어에는 무엇이 있을까?

∗ □□□ 바람이 불기 시작하면 나는 그렇게
쓸쓸해지더라.

∗ 날씨가 이렇게 □□□□□ 선풍기를 틀고 자?

∗ 보일러가 꺼졌는지 방이 □□□□.

∗ 추분이 지나자 날씨는 곧바로 □□□□□.

∗ 바닷바람이 □□□□ 불어왔다.

∗ 9월이 되자 아침저녁으로 □□□□ 기운이
느껴진다.

여름 내내 상전 노릇을 하던 햇발은 초가을에 접어들고도 여전히 기세가 등등하다. 여름 해가 마지막 자존심을 지킬 방법은 남은 기운을 남김없이 쏟아내는 것 외에는 딱히 없는 모양이다.

여름 해가 마지막까지 소용없는 억지를 부려도 가을바람은 어느 틈엔가 시간과 공간의 사이사이로 배어든다. 아침저녁으로 서늘한 가을바람이 자유자재로 드나들기 시작하면 여름 해는 그제야 마지못해 가을볕에 자리를 내어주는 것이다.

물체의 온도나 기온이 꽤 찬 느낌이 있다는 뜻의 '서늘하다'는 가을에 꼭 어울리는 단어이다. 이번에는 '서늘하다'를 대신할 수 있는 단어를 알아보자.

서늘한 바람이 불기 시작하면 나는 그렇게 쓸쓸해지더라. … '서늘하다'와 같은 뜻을 가진 단어가 꽤 많다. 먼저 '사늘하다'와 이보다 더 센 느낌의 '싸늘하다'가 있다. '사늘하다'는 '물체의 온도나 기온이 약간 찬 느낌이 있다'라는 뜻으로 '서늘하다'보다는 조금 덜 차가운 느낌이다. '서느렇다'와 '써느렇다'도 '기온이 꽤 차다'라는 뜻으로 쓰이는데 '써느렇다'가 더 센 느낌을 준다. '서느레', '서느러니', '서느런' 등과 같이 변형한다. '서느런 바람이 불기 시작하면 나는 그렇게 쓸쓸해지더라'로 바꿔 쓸 수 있다.

날씨가 이렇게 서늘한데도 선풍기를 틀고 자?

··· 여기에는 차가운 느낌보다는 시원한 느낌에 가까운 단어가 어울릴 것 같다. 추운 느낌이 나는 '서늘하다'가 아닌 '시원한 느낌이 들 정도로 서늘하다'라는 단어를 찾아보면 '선선하다'가 있다. 추위를 많이 타는 나로서는 날씨가 선선한데도 선풍기를 틀고 자는 걸 이해하기 어렵긴 하다.

보일러가 꺼졌는지 방이 서늘하다.

··· 이번에는 서늘한 기운이 있어서 추운 느낌이 들 때 쓸 수 있는 단어들을 찾아보자. '설렁하다', '썰렁하다', '살랑하다', '쌀랑하다'가 있다. '썰렁하다'는 '설렁하다'보다, '쌀랑하다'는 '살랑하다'보다 센 느낌을 준다. 초겨울, 보일러가 꺼진 방은 서늘한 기운에 추운 느낌이 들 수밖에 없다. '보일러가 꺼졌는지 방이 설렁하다, 썰렁하다, 살랑하다, 쌀랑하다'로 바꾸어 쓸 수 있겠다.

추분이 지나자 날씨는 곧바로 서늘해졌다.

··· '서늘하다'는 가을과 어울리는 단어지만 가을이 아니어도 찬 느낌이 들 때라면 언제든 사용할 수 있다. 그러나 아예 '가을'하고만 연관 지어 써야 하는 단어가 있다. 바로 '생량하다'

이다. '생량하다'는 '가을이 되어 서늘하다'라는 뜻의 형용사와 '가을이 되어 서늘한 기운이 생기다'라는 뜻의 동사로 쓰인다. 기온은 절기를 신기할 만큼 따른다. '추분이 지나자 날씨는 곧바로 생량해졌다'와 같이 쓸 수 있겠다.

바닷바람이 서늘하게 불어왔다.

… 갑자기 서늘한 느낌이 들 때가 있다. 그럴 때는 '선득하다'를 쓸 수 있다. 밤이 되면 바닷바람이 선득하게 느껴질 때가 있다. '선득하다'는 '선득선득'과 같이 부사로도 자주 사용한다. '밤바람이 선득선득 불었다'와 같이 쓰기도 하고 갑자기 놀라거나 무서워서 서늘한 느낌이 들 때도 쓴다. '이 골목은 지나칠 때마다 선득하게 무서운 분위기가 느껴져'가 그 예이다.

9월이 되자 아침저녁으로 서늘한 기운이 느껴진다.

… 후덥지근한 여름 바람을 끝으로 서늘한 바람결을 맞이하면 왠지 상쾌한 느낌이 든다. 시원해서 상쾌하고 상큼할 것만 같은 단어가 있다. 바로 '상크름하다'이다. '상크름하다'는 '서늘한 바람기가 있어 선선하다'라는 뜻이다. 지루한 여름의 끝자락에선 아침저녁으로 느껴지는 상크름한 기운을 빨리 맞이하고 싶다.

✤ 유의어 사전 ✤

○ 사늘하다/싸늘하다 : 온도나 기온이 약간 찬 느낌이 있다

○ 서느렇다/써느렇다 : 기온이 꽤 차다

○ 선선하다 : 시원한 느낌이 들 정도로 서늘하다

○ 설렁하다/썰렁하다/살랑하다/쌀랑하다 : 서늘한 기운이
   있어서 조금 추운 듯하다

○ 생량하다 : 가을이 되어 서늘하다

○ 선득하다 : 갑자기 서늘한 느낌이 있다

○ 상크름하다 : 서늘한 바람기가 있어 선선하다

✳ 사늘한/싸늘한/서느런/써느런 바람이 불기
    시작하면 나는 그렇게 쓸쓸해지더라.

✳ 날씨가 이렇게 선선한데도 선풍기를 틀고 자?

✳ 보일러가 꺼졌는지 방이 설렁하다/썰렁하다/
    살랑하다/쌀랑하다.

✳ 추분이 지나자 날씨는 곧바로 생량해졌다.

✳ 바닷바람이 선득하게 불어왔다.

✳ 9월이 되자 아침저녁으로 상크름한 기운이
    느껴진다.

: *27* :

서투르다

'서투르다'를 대신할 수 있는 단어에는 무엇이 있을까?

∗   이쪽 일을 처음 해 봐서 그런지 일하는 데 있어서
    여러모로 □□□□.

∗   아직 운전이 □□□□□ 혼자 운전하기 전에
    연수를 더 받아 보는 게 어때?

∗   망치질이 □□□ 못 하나 박는 데도 시간이 많이
    걸렸다.

∗   우는 아기를 달래는 그의 몸짓이 어딘가 모르게
    □□□□.

청춘이라는 시간이 내게서 점점 원거리로 물러서자 내 서투름에 대한 세상의 관대함도 사위기 시작했다. 어설프고 서툰 것이 젊음에게는 신선한 도전의 증거일진 몰라도 내게는 나잇값을 제대로 못 했다는 증표가 될 뿐이다. 나도, 청춘도 이 순간을 처음이자 마지막으로 살아가는 그저 고달픈 신세일 뿐인데 시간은 이제 내게 서투름을 쉬이 허락하지 않는다.

어느샌가 나는 나의 서투름을 감추고 부러 능숙한 척 거만을 떨며 살게 됐다. 세상의 기준에 맞춰 무사히 나이 들고 있다는 듯이. 괜찮은 척하고 있는 나에게 좀 어설퍼도 된다고, 원래 인생은 서툴 수밖에 없는 거라고 이제는 내게 나만의 관용을 베풀어 주고 싶다.

'일 따위에 익숙하지 못하여 다루는 데 있어 설다'라는 뜻을 지닌 '서투르다'. '서투르다'는 '서툴다'로 줄여 쓰기도 한다. '서투르다'와 바꾸어 쓸 수 있는 말에는 무엇이 있을까?

이쪽 일을 처음 해 봐서 그런지 일하는 데 있어서 여러모로 서투르다.

⋯ 처음 해 보는 일이라면 몸에 익지 않아 서투른 것이 당연하다. '하는 일이 몸에 익지 않아서 익숙하지 못하고 엉성하고 거친 데가 있다'라는 뜻의 단어가 있다. 흔히 알고 있는 '어설프다'이다. '이쪽 일을 처음 해 봐서 그런지 여러모로 어설

154

프다'라고 바꾸어 쓸 수 있겠다.

   아직 운전이 <u>서투르니까</u> 혼자 운전하기 전에 연수를 더
   받아 보는 게 어때?

… 어떤 일에 익숙하지 않아 서투르다는 뜻의 단어로 '미숙하다'가 있다. 대응, 기술, 업무 등이 서툴렀을 때 '미숙하다'라는 단어를 사용하면 잘 어울린다. '아직 운전이 미숙하니까 혼자 운전하기 전에 연수를 더 받아 보는 게 어때?'와 같이 쓸 수 있겠다. 한편, '미숙하다'는 아직 성숙하지 못하다는 뜻도 가지고 있는데 이때는 생각이나 정신, 몸이 성숙하지 못했다는 뜻으로 자주 사용된다.

   망치질이 <u>서툴러서</u> 못 하나 박는 데도 시간이 많이 걸렸다.

… 익숙하지 못하고 빈틈이 있으며 서투르다는 뜻의 단어가 또 있다. '설다'이다. '설다'는 열매나 밥, 술 따위가 제대로 익지 않았을 때도 사용한다. 즉, '설다'는 완전하지 않은 상태를 나타내는 말이라고 볼 수 있다. '망치질이 설어서 못 하나 박는 데도 시간이 많이 걸렸다', '처음 해 보는 일이라 일이 손에 설어 진행 속도가 늦다'와 같이 쓸 수 있겠다. 주로 '손에 설다'와 같이 쓴다.

우는 아기를 안아서 달래는 그의 몸짓이 어딘가 모르게
<u>서툴렀다.</u>

… 막무가내로 우는 아기를 달래기란 만만치 않은 일이다. 게다가 아이를 키워 본 적이 없는 사람에게라면 더더욱 어려운 일일 것이다. 악을 쓰고 우느라 몸을 곧추세운 아이를 경험 없는 사람이 안아서 달래려면 움직임이 자연스럽지도 않을 뿐만 아니라 어쩔 줄 몰라 어색하기도 할 것이다. 이런 상황에서 쓸 수 있는 단어는 '어줍다'이다. '어줍다'는 '말이나 행동이 익숙지 않아 서투르고 어설프며 움직임이 자연스럽지 않고 어쩔 줄 몰라 어색하다'라는 의미를 지닌다. '어줍다'의 부정형은 '어줍지 않다'이다. 그런데 간혹 '어쭙잖다'를 '어줍지 않다'와 혼동해 사용할 때가 있다. '어쭙잖다'는 비웃음을 살 만큼 말과 행동이 분수에 넘치는 데가 있다는 뜻으로, 이때는 '그는 선배랍시고 후배에게 이래라저래라하면서 어쭙잖은 말을 자주 한다'와 같이 쓰면 된다.

✲✲ 유의어 사전 ✲✲

○ 어설프다 : 하는 일이 몸에 익지 않아서 익숙하지 못하고 엉성하고 거친 데가 있다

○ 미숙하다 : 어떤 일에 익숙하지 않아 서투르다

○ 설다 : 익숙하지 못하고 빈틈이 있으며 서투르다

○ 어줍다 : 말이나 행동이 익숙지 않아 서투르다 / 어설프
    며 움직임이 자연스럽지 않고 어쩔 줄 몰라 어색하다

* 이쪽 일을 처음 해 봐서 그런지 일하는 데 있어서
  여러모로 어설프다.

* 아직 운전이 미숙하니까 혼자 운전하기 전에
  연수를 더 받아 보는 게 어때?

* 망치질이 설어서 못 하나 박는 데도 시간이 많이
  걸렸다.

* 우는 아기를 달래는 그의 몸짓이 어딘가 모르게
  어줍었다.

심하다

'심하다'를 대신할 수 있는 단어에는 무엇이 있을까?

* 아버지는 거짓말을 한 아이를 □□□ 혼냈다.
* 태풍으로 인한 피해가 □□□□.
* 갑자기 □□□ 두통이 나타난다면 서둘러 병원을 찾아야 한다.
* 그곳은 지대가 낮아 다른 곳에 비해 홍수 피해가 □□□□.
* 앞이 잘 보이지 않을 정도로 미세먼지가 □□□□.
* 스마트폰 사용이 늘면서 손목을 □□□□ 쓰는 바람에 여러 질환에 노출된다.

누군가 만나고 돌아오는 길에 내가 무슨 말을 했었나 하고 간혹 곱씹어 볼 때가 있다.

'그거 좀 심하지 않아요?', '정말 심했다.', '그 사람이 진짜 심했네.', '왜 그렇게 심하게 말해요?', '너무 심하잖아요.'

심할 일이 뭐가 그리 많은지 우리의 이야기는 '심하다'로 빼곡히 채워졌다. 미세먼지도 심하고, 계속되는 코로나 상황도 심하고, 집값이 오르는 것도 심하다. 안 막힐 때가 없는 그 길도 심하고, 그 사람이 나를 그렇게 대하는 것도 심하고, 마감일이 턱없이 빠른 것도 심하고, 고군분투하며 사는데 나아지는 것 하나 없는 것도 심하다. '심하다'로 술렁대는 세상에서 휘청이고 있는 것만 같다.

'심하다'는 '정도가 지나치다'이다. 심한 것들로 둘러싸인 오늘 하루, 우리는 어떤 말들로 '심하다'를 대신할 수 있을까?

아버지는 거짓말을 한 아이를 심하게 혼냈다.

… 혼낼 일은 혼을 내는 것이 맞지만 내 감정을 덧붙이고 상대방의 잘못을 더 부풀려 혼낸 것은 아닌지 반성할 때가 있다. 매우 심하게 혼이 나거나 비판 또는 질책을 받았을 때 '호되다'를 함께 쓰는 것이 어울린다. '호되다'는 혼이 날 때뿐만 아니라 병에 걸려 아프거나 힘든 일을 겪었을 때도 사용할 수 있다. '감기에 호되게 걸려 한동안 고생했어요'와 같이 쓰

며, 여기에서는 '거짓말을 한 아이를 호되게 혼냈다'로 쓰면 되겠다.

　태풍으로 인한 피해가 <u>심하다</u>.

… 피해나 손해, 또는 고통이 매우 심할 때는 '막심하다'를 사용할 수 있다. '막심하다'는 '정도가 매우 심하다'라는 뜻으로 '무시무시한 상사를 만나서 K의 고생이 막심하다'와 같이 쓰며, 위의 문장에서는 '태풍으로 인한 피해가 막심하다'로 바꾸어 쓰면 되겠다.

　갑자기 <u>심한</u> 두통이 나타난다면 서둘러 병원을 찾아야 한다.

… '매우 심하다'라는 뜻의 또 다른 단어에는 무엇이 있을까? '격심하다'라는 단어를 생각해 볼 수 있다. '격심하다'는 통증이나 고통이 매우 심할 때, 교통 체증이 심하거나 격차가 심하게 났을 때 주로 사용한다.

　그곳은 지대가 낮아 다른 곳에 비해 홍수 피해가 <u>심했다</u>.

… 여기에서는 '더욱 심하다'는 뜻의 '우심하다'를 사용해 볼 수 있겠다. '생활고까지 겹쳐 그의 고통은 우심했다', '다른

곳에 비해 홍수 피해가 우심했다'와 같이 쓸 수 있다.

　앞이 잘 보이지 않을 정도로 미세먼지가 <u>심하다</u>.

… 표지판이 흐릿하게 보일 정도로 미세먼지가 심한 날이 있
다. 요즘의 미세먼지는 그저 '심하다'라고만 표현하기에는
뭔가 부족해 보인다. '그악하다'는 원래 '장난 따위가 지나치
게 심하다', '모질고 사납다'라는 뜻이다. 어떤 상태가 지나치
게 심할 때 '그악하다'를 써 볼 수 있겠다. 여기에서는 '앞이
잘 보이지 않을 정도로 미세먼지가 그악하다'로 써 보자.

　스마트폰 사용이 늘면서 손목을 <u>심하게</u> 쓰는 바람에 여러
　질환에 노출된다.

… 정도가 지나칠 때 떠올릴 수 있는 단어로는 '과도하다'가 있
다. '손목을 과도하게 쓰는 바람에 여러 질환에 노출된다', '과
도한 경쟁은 피로감만 불러일으킨다'와 같이 쓸 수 있겠다.

✻ 유의어 사전 ✻

○ 호되다 : 매우 심하다

○ 막심하다 : 정도가 매우 심하다

○ 격심하다 : 매우 심하다

○ 우심하다 : 더욱 심하다

○ 그악하다 : 장난 따위가 지나치게 심하다

○ 과도하다 : 정도에 지나치다

✻   아버지는 거짓말을 한 아이를 호되게 혼냈다.

✻   태풍으로 인한 피해가 막심하다.

✻   갑자기 격심한 두통이 나타난다면 서둘러 병원을 찾아야 한다.

✻   그곳은 지대가 낮아 다른 곳에 비해 홍수 피해가 우심했다.

✻   앞이 잘 보이지 않을 정도로 미세먼지가 그악하다.

✻   스마트폰 사용이 늘면서 손목을 과도하게 쓰는 바람에 여러 질환에 노출된다.

생각하다

'생각하다'를 대신할 수 있는 단어에는 무엇이 있을까?

* 오랫동안 □□□ 끝에 그는 회사를 그만두기로
  했다.

* 수술 일정은 환자의 건강 상태를 □□□□ 정하는
  것이 좋다.

* 모든 일에 최선을 다해야 한다는 부모님의 말씀을
  □□□□ 살아갈 것이다.

* 선거에서 이길 □□□ □□ 정치인들에게 대중은
  실망했다.

* 책을 통해 □□□□ 힘을 키워 나가야 한다.

* 상황을 좀 □□□□ 돈을 써야지. 그렇게 막 쓰면

어떡하니?

*   이번 결정에 대해서 한 번만 더 □ □ □ 주시면
     감사하겠습니다.

───────────────────────────────────────

내 머릿속은 생각들로 늘 분주하다. 눈을 뜨자마자 시작
되는 내 생각들의 활동은 가볍게는 오늘 해야 할 일에서부터
무겁게는 내 인생이 어디로 가고 있는가에 대한 것까지 그
범주가 상당히 넓다. 또 어쩌다 눈에 띈 무언가로 촉발된 생
각들은 공연한 분란을 일으켜 나를 괜스레 우울하게 만들기
도 하고, 또 어떤 생각들은 한계 없는 시공간으로 나를 인도
해 달짝지근한 상상에 빠지게도 한다.

종일 수선스럽게 돌아다니는 내 생각들만큼이나 '생각하
다'를 대신하는 단어가 많다. 사물을 헤아리고, 판단하며, 기
억하고, 상상해 보며, 느낌을 가진다는 '생각하다'와 비슷한
단어에는 무엇이 있을까?

오랫동안 생각한 끝에 그는 회사를 그만두기로 했다.
… 회사를 그만둘지 말지는 한두 번 대충 생각해 보고 결정할
수 있는 문제가 아니다. 깊고 신중하게 잘 생각해야 하는 상

황에서는 '숙고하다'라는 단어를 사용할 수 있다. '오랫동안 숙고한 끝에 그는 회사를 그만두기로 했다'로 쓰면 되겠다.

　수술 일정은 환자의 건강 상태를 <u>생각해서</u> 정하는 것이 좋다.

… 이번에도 신중하게 생각해야 하는 상황이다. 수술을 해야 하는 상황이라면 더더욱 그렇다. 어떤 일을 하는 데 있어서 여러 가지 상황이나 조건을 신중하게 생각한다는 뜻의 '고려하다'를 이 문장에서 사용해 보자. '수술 일정은 환자의 건강 상태를 고려해서 정하는 것이 좋다'와 같이 쓰면 된다.

　모든 일에 최선을 다해야 한다는 부모님의 말씀을 <u>생각하며</u> 살아갈 것이다.

… 중요한 일에 대해서는 잊지 않고 기억하며 생각해야 한다. 부모님이 하신 중요한 말씀을 생각하며 살아가겠다는 다짐에서는 '생각하다'를 쓰는 것보다 '유념하다'라는 단어를 쓰는 것이 훨씬 더 느낌을 잘 전달한다. '유념하다'는 '잊거나 소홀히 하지 않도록 마음속 깊이 기억하고 생각하다'라는 뜻이다.

선거에서 이길 <u>생각만</u> 하는 정치인들에게 대중은
실망했다.

… 어떤 문제의 해결 방법에 대해 깊이 생각할 때 쓸 수 있는
단어가 있다. 바로 '궁리하다'이다. 선거에서 이길 궁리만 하
는 정치인들에게 대중은 실망할 수밖에 없다. '궁리하다'는
'해결책을 이리저리 궁리해 보았다', '종일 궁리해 봐도 뾰족
한 수가 없었다'와 같이 사용한다.

책을 통해 <u>생각하는</u> 힘을 키워 나가야 한다.

… 우리는 늘 독서의 중요성에 대해 듣고 또 들어왔다. 그 이
유는 아마도 책을 읽으면서 사고의 확장을 이룰 수 있기 때
문일 것이다. 어떤 대상을 두루 깊이 생각한다는 뜻의 '사유
하다'라는 단어를 떠올려 보자. 책을 통해 사유하는 힘을 키
워 나간다면 아무래도 살아가는 데 큰 힘이 될 것이다.

상황을 좀 <u>생각하고</u> 돈을 써야지. 그렇게 막 쓰면 어떡하니?

… 내가 처한 상황을 다각도로 생각해 봐야 할 때 쓸 수 있는
단어에는 무엇이 있을까? '감안하다'를 꺼내 써 보자. '감안하
다'는 여러 사정을 살펴서 생각한다는 뜻이다. '상황을 좀 감
안하고 돈을 써야지'로 문장을 바꾸어 쓰면 되겠다.

이번 결정에 대해서 한 번만 더 <u>생각해</u> 주시면
감사하겠습니다.

… 어떤 일이나 문제에 대해서 다시 생각할 때 종종 사용하는
단어가 있다. '재고하다'이다. '이번 결정에 대해서 한 번만 재
고해 주시면 감사하겠습니다'와 같이 바꾸어 쓸 수 있겠다.

.*. 유의어 사전 .*.

◦ 숙고하다 : 깊고 신중히 잘 생각하다

◦ 고려하다 : 어떤 일을 하는 데 여러 가지 상황이나 조건을
　　신중하게 생각하다

◦ 유념하다 : 잊거나 소홀히 하지 않도록 마음속 깊이 기억
　　하고 생각하다

◦ 궁리하다 : 어떤 일을 해결할 방법을 깊이 생각하다

◦ 사유하다 : 어떤 대상을 두루 깊이 생각하다

◦ 감안하다 : 여러 사정을 살펴보며 생각하다

◦ 재고하다 : 어떤 일이나 문제에 대해서 다시 생각하다

* 오랫동안 숙고한 끝에 그는 회사를 그만두기로 했다.

* 수술 일정은 환자의 건강 상태를 고려해서 정하는 것이 좋다.

* 모든 일에 최선을 다해야 한다는 부모님의 말씀을 유념하며 살아갈 것이다.

* 선거에서 이길 궁리만 하는 정치인들에게 대중은 실망했다.

* 책을 통해 사유하는 힘을 키워 나가야 한다.

* 상황을 좀 감안하고 돈을 써야지. 그렇게 막 쓰면 어떡하니?

* 이번 결정에 대해서 한 번만 더 재고해 주시면 감사하겠습니다.

: 30 :

싸우다

'싸우다'를 대신할 수 있는 단어에는 무엇이 있을까?

∗ 서로 자기가 먼저 줄을 서기 시작했다고
  □□□□□□ 있다.

∗ 층간소음 문제로 윗집과 아랫집 사람들이
  □□□□□□.

∗ 술에 취한 사람들이 사소한 일로 □□□□□
  시작했다.

∗ 상사와 □□□□ 공무원이 경고를 받고
  억울하다며 소송을 걸었다.

∗ 놀이터에서 아이들이 갑자기 □□□□□□
  싸우기 시작했다.

* 집 앞에 나타난 늑대와 □□를 벌여 아이를 지켜낸
어머니의 이야기가 화제다.

싸움은 멀끔하게 포장된 나를 들추어낸다. 살살 떼어 포
장을 벗으려면 좋으련만 감정에 감정이 포개지면 그런 우아
한 절차는 온데간데없어진다. 매복해 있던 나의 치졸함과 옹
졸함은 북북 찢어버린 포장지 밖으로 서슴지 않고 그 모습을
드러낸다. 싸움은 수치스럽고도 낯선 나의 밑바닥을 내 앞에
마주 세운다. 그렇기에 싸움에는 숨겨 두었던 나를 정면에서
마주할 용기가 필요하다.

서로 이기려고 다툰다는 뜻의 '싸우다'. '싸우다'를 대신할
수 있는 단어들에는 무엇이 있을까?

서로 자기가 먼저 줄을 서기 시작했다고 <u>싸우고</u> 있다.
⋯ 싸움의 시작은 내가 맞고 너는 틀렸다는 데서 시작한다.
서로 옳으니 그르니 하면서 가볍게 다툴 때 쓸 수 있는 단어
로는 '옥신각신하다'가 있다. '서로 자기가 먼저 줄을 서기 시
작했다고 옥신각신하고 있다', 또는 '그 두 사람은 식사 때마
다 서로 돈을 내겠다고 옥신각신한다'와 같이 사용한다. 여

170

기에서는 '서로 자기가 먼저 줄을 서기 시작했다고 옥신각신하고 있다'로 쓰면 되겠다.

층간소음 문제로 윗집과 아랫집 사람들이 싸웠다.

… '옥신각신하다'와 유사한 상황에서 쓸 수 있는 단어가 있다. 바로 '승강이질하다'이다. '승강이질하다'는 서로 자기 주장을 고집하면서 옥신각신한다는 뜻이다. '백신 증명서를 보여 달라는 식당 주인과 손님 사이에 승강이가 벌어졌다'와 같이 사용할 수 있다. 위 문장은 '층간소음 문제로 윗집과 아랫집 사람들이 승강이질을 했다'로 바꾸면 된다.

술에 취한 사람들이 사소한 일로 싸우기 시작했다.

… 술에 취하면 아무래도 더 쉽게 싸움이 일어난다. 이번에는 옥신각신을 넘어서 멱살을 잡고 싸우기 시작한 모양이다. 이때는 서로 멱살을 잡고 싸운다는 뜻의 '멱씨름하다'를 떠올릴 수 있다. '술에 취한 사람들이 사소한 일로 멱씨름하기 시작했다'로 바꿔 써 보자.

상사와 <u>싸운</u> 공무원이 경고를 받고 억울하다며 소송을
걸었다.

··· 상사와 싸운 공무원이 경고를 받았다. 경고까지 받은 것을
보니 단순한 말싸움은 아니었나 보다. 최악으로 치달은 싸움
은 주먹까지 오간 싸움이 아닐까. '서로 머리나 멱살을 움켜
잡고 싸우다'라는 뜻의 '드잡이하다'라는 단어가 있다. 여기
에서는 '상사와 드잡이한 공무원이 경고를 받고 억울하다며
소송을 걸었다'와 같이 쓸 수 있겠다.

놀이터에서 아이들이 갑자기 <u>싸우기</u> 시작했다.

··· 놀이터에서 노는 아이들의 모습에는 인간사 모든 희노애
락이 묻어 있다. 친구와 마음이 잘 맞아 기뻤다가 뭘 하고 놀
까 고민하고, 그러다 마음이 맞지 않아 화가 났다가, 같이 놀
고 싶었던 친구가 다른 곳으로 가버려 서운하고 슬펐다가,
그러다 또 즐거워지는 마음의 움직임이 이곳에서는 여과 없
이 드러난다. 자그락거리는 것을 넘어 더 큰 싸움으로 번졌
다면 '서로 말로 다투거나 실제로 때리면서 싸우다'는 뜻의
'치고받다'를 생각해 볼 수 있다. '놀이터에서 아이들이 갑자
기 치고받으면서 싸우기 시작했다'와 같이 쓸 수 있다.

집 앞에 나타난 늑대와 <u>싸움을</u> 벌여 아이를 지켜낸 어머니의 이야기가 화제다.

… 이 경우는 서로 의견이 맞지 않아서, 내 기분이 나빠져서 벌이는 싸움과는 차원이 다른 싸움이다. 죽기를 각오하고 싸우거나 죽을 힘을 다해서 싸워야 할 때는 '사투'라는 단어를 사용해야 그 느낌이 살아난다. '코로나 바이러스와 사투를 벌이고 있는 의료진'과 같이 사용하며 위 문장에서는 '집 앞에 나타난 늑대와 사투를 벌여 아이를 지켜낸 어머니의 이야기가 화제다'로 쓰면 된다.

✲✲ 유의어 사전 ✲✲

○ 옥신각신하다 : 서로 옳으니 그르니 하며 다투다

○ 승강이질하다 : 서로 자기 주장을 고집하면서 옥신각신 하다

○ 멱씨름하다 : 서로 멱살을 잡고 싸우다

○ 드잡이하다 : 서로 머리나 멱살을 움켜잡고 싸우다

○ 치고받다 : 서로 말로 다투거나 실제로 때리면서 싸우다

○ 사투 : 죽기를 각오하고 싸우거나 죽을 힘을 다하여 싸움

* 서로 자기가 먼저 줄을 서기 시작했다고
  옥신각신하고 있다.

* 층간소음 문제로 윗집과 아랫집 사람들이
  승강이질했다.

* 술에 취한 사람들이 사소한 일로 멱씨름하기
  시작했다.

* 상사와 드잡이한 공무원이 경고를 받아 억울하다며
  소송을 걸었다.

* 놀이터에서 아이들이 갑자기 치고받으면서 싸우기
  시작했다.

* 집 앞에 나타난 늑대와 사투를 벌여 아이를 지켜낸
  어머니의 이야기가 화제다.

쌀쌀맞다

'쌀쌀맞다'를 대신할 수 있는 단어에는 무엇이 있을까?

- * 화해를 했지만 친구는 여전히 내게 □□□□ 말했다.
- * 그는 □□□ 말투로 나의 부탁을 단번에 거절했다.
- * 둘 사이에 무슨 일이 있었어? 걔가 너한테 왜
  그렇게 □□□□ 구는 건데?
- * 애원하며 사정했지만 □□□□ 뿌리치고
  나가버리는 그를 보고 절망했다.
- * 나의 부모는 단 한 번의 실수도 용서하지 않는
  □□□ 분들이었다.
- * 최선을 다해 살아왔지만, 세상은 그에게 □□□을
  부리기만 한다.

＊   주치의가 하도 □ □ □ □ □ □ 수술 결과에 대해
     자세히 물어보질 못하겠어.

한때는 나도 아이스 아메리카노를 즐겨 마시던 사람이었다. 서둘러 점심을 해결하고 수업에 들어가야 할 때는 아이스 아메리카노 한 잔과 학교 편의점 냉장고에 들어 있는 차가운 김밥만큼 유용한 게 없었다. 뜨거운 김을 후후 불어내며 식혀야 할 필요가 없으니 시간을 낭비하지 않아도 되었다. 사람도 차가운 사람이 도리어 편했다. 좀 매몰차도 맺고 끊고가 확실한 사람이 좋았다. 쌀쌀맞고 매정해도 실력만 있으면 그만이라 생각했다.

나는 언제부턴가 차가운 음식을 잘 먹지 못하게 됐다. 속에 차가운 음식을 집어넣고 나면 으레 체하거나 배탈이 난다. 이제는 여유가 없어도 음식은 따뜻하게 먹고 싶다. 사람도 그렇다. 웬만하면 푸근한 사람을 만나 일하고 이야기하고 싶다. 좀 시간을 끌어도, 좀 매끈하지 않아도 괜찮다. 따뜻한 말과 눈빛을 주고받을 수 있는 사람들과 만나고 싶다.

'쌀쌀맞다'는 성격이나 행동이 따뜻한 정이나 붙임성이 없이 차갑다는 뜻이다. '쌀쌀맞다'를 대신할 수 있는 단어에는 무엇이 있을까?

화해를 했지만 친구는 여전히 내게 <u>쌀쌀맞게</u> 말했다.

… 아무리 화해를 했다손 치더라도 예전으로 돌아가기에는 어쩐지 서먹할 때가 있다. 체면상 말로는 화해했다지만, 아직 마음에 다 풀리지 않은 서운함이 남아 있기 때문이다. 그럴 때는 아무래도 전과 달리 쌀쌀맞게 말하게 될 때가 많다. 여기에서는 '냉랭하다'를 써 보는 게 좋겠다. '냉랭하다'는 태도 등이 다정하지 않고 차갑다는 뜻으로, '화해했지만 친구는 여전히 내게 냉랭하게 말했다'로 쓰면 되겠다.

　그는 <u>쌀쌀맞은</u> 말투로 나의 부탁을 단번에 거절했다.

… 거절은 늘 어렵다. 부드럽게 거절하자니 상대에게 여지를 줄 것 같고 그렇다고 단칼에 거절하자니 미안하다. 위 문장에서는 쌀쌀맞은 말투로 단번에 거절을 했다. 이때 '냉담하다'를 사용해 보자. '냉담하다'는 '태도나 마음씨 등이 무관심하고 쌀쌀맞다'라는 뜻으로 '그는 냉담한 말투로 나의 부탁을 단번에 거절했다'로 쓰면 되겠다.

　둘 사이에 무슨 일이 있었어? 걔가 너한테 왜 그렇게 <u>쌀쌀맞게</u> 구는 건데?

… 평소와 달리 쌀쌀맞게 군다면 아마도 내게 서운한 일이나

뭔가 오해가 있어서일 것이다. 여기에서는 태도가 따뜻한 정이 없고 차갑다는 뜻의 '냉정하다'를 써 볼 수 있겠다. '걔가 너한테 왜 그렇게 냉정하게 구는 건데?'라고 바꾸어 써 보면 좋겠다.

애원하며 사정했지만 <u>쌀쌀맞게</u> 뿌리치고 나가 버리는 그를 보고 절망했다.

… 간절히 사정하는 데도 쌀쌀맞게 부탁을 거절했다면, 거절의 전후 사정이 있다고 해도 인정이 없어 보인다. 얄미울 정도로 쌀쌀맞고 인정이 없다는 뜻의 '매정하다'가 있다. 위 문장에서는 '쌀쌀맞게' 대신 '매정하게'로 바꾸어 써 보자.

나의 부모는 단 한 번의 실수도 용서하지 않는 <u>쌀쌀맞은</u> 분들이었다.

… 부모는 자식의 우주라고 했던가. 자식이 좀 실수해도 보듬어 주고 토닥여 주는 따뜻한 부모가 최고의 부모가 아닐까 싶다. 자식의 실수를 매번 날 세워 지적하는 부모는 쌀쌀맞기 그지없어 보인다. 여기에서는 인정이 없고 매우 차갑다는 뜻의 '매몰차다'를 써 보자. '나의 부모는 단 한 번의 실수도 용서하지 않는 매몰찬 분이었다'로 바꾸어 보자.

최선을 다해 살아왔지만, 세상은 그에게 <u>쌀쌀맞기만</u> 하다.

… '매정하고 쌀쌀한 태도'를 뜻하는 단어가 있다. 바로 '냉갈 령'이라는 단어이다. '냉갈령'은 대체로 '냉갈령을 부리다'의 형태로 쓴다. '최선을 다해 살아왔지만, 세상은 그에게 냉갈 령을 부리기만 한다'로 쓰면 된다.

주치의가 하도 <u>쌀쌀맞아서</u> 수술 결과에 대해 자세히 물어보질 못하겠어.

… 연세 드신 부모님을 모시고 병원에 갈 때 만나는 의사는 좀 따뜻했으면 좋겠다. 서늘한 눈빛과 말투로 환자를 얼어붙 게 만드는 쌀쌀맞은 의사는 웬만하면 피하고 싶다. '쌀쌀맞 고 매섭다'라는 뜻의 '살천스럽다'가 이런 상황에 꼭 들어맞 는다. '주치의가 하도 살천스러워서 수술 결과에 대해 이것 저것 자세히 물어보질 못하겠어'라고 쓰면 된다.

﹡﹡ 유의어 사전 ﹡﹡

○ 냉랭하다 : 태도 등이 다정하지 않고 차갑다

○ 냉담하다 : 태도나 마음씨 등이 무관심하고 쌀쌀맞다

○ 냉정하다 : 태도가 따뜻한 정이 없고 차갑다

○ 매정하다 : 얄미울 정도로 쌀쌀맞고 인정이 없다

○ 매몰차다 : 인정이 없고 매우 차갑다

○ 냉갈령 : 매정하고 쌀쌀맞은 태도

○ 살천스럽다 : 쌀쌀맞고 매섭다

---

* 화해를 했지만 친구는 여전히 내게 냉랭하게 말했다.

* 그는 냉담한 말투로 나의 부탁을 단번에 거절했다.

* 둘 사이에 무슨 일이 있었어? 걔가 너한테 왜
  그렇게 냉정하게 구는 건데?

* 애원하며 사정했지만 매정하게 뿌리치고
  나가버리는 그를 보고 절망했다.

* 나의 부모는 단 한 번의 실수도 용서하지 않는
  매몰찬 분들이었다.

* 최선을 다해 살아왔지만, 세상은 그에게 냉갈령을
  부리기만 한다.

* 주치의가 하도 살천스러워서 수술 결과에 대해
  자세히 물어보질 못하겠어.

쓸데없다

'쓸데없다'를 대신할 수 있는 단어에는 무엇이 있을까?

---

* 친구에게 □□ 말을 한 것 같아 신경이 쓰인다.
* 기분 나쁜 일이 있는지 오늘따라 □□□ 트집을
  잡았다.
* 그동안의 노력은 다 □□□□ 거였어.
* 어색한 분위기 속에서 그는 □□□ 말만 계속 이어
  나갔다.

주고받는 이야기에 한두 가닥 틈이 생기면 침묵은 기어코 그 사이를 비집고 묵직하게 자리를 잡는다. 침묵이 차지하는 자리가 커지기 시작하면 나는 느닷없이 말이 많아진다. 침묵의 공간을 무엇으로라도 메워야 한다는 내 강박이 기지개를 켜는 것이다. 내 강박이 꾸역꾸역 공백을 채우고서 퇴장하고 나면 나는 기다렸다는 듯 밀려오는 후회를 맞이한다. 막무가내로 쏟아낸 쓸데없는 말에 결국 내가 체하고 마는 것이다.

아무런 쓸모나 득이 될 것이 없다는 뜻의 '쓸데없다'. 쓸데없는 줄 알면서도 쓸데없이 말하고 쓸데없이 후회하는 그야말로 쓸모가 없는 '쓸데없다'. 또 다른 '쓸데없다'에는 무엇이 있을까.

친구에게 쓸데없는 말을 한 것 같아 신경이 쓰인다.
··· 별 뜻 없이 한 말인데 돌이켜 보면 하지 말았어야 했거나 할 필요가 없었던 말을 했다 싶으면 적잖이 신경이 쓰인다. 아무 까닭이나 실속이 없다는 뜻의 '괜하다'를 이 문장에 써 보면 어떨까? '친구에게 괜한 말을 한 것 같아 신경이 쓰인다'와 같이 쓰면 되겠다.

기분 나쁜 일이 있는지 오늘따라 <u>쓸데없는</u> 트집을 잡았다.
⋯ 아무 까닭이나 실속이 없다는 '괜하다'와 동일한 뜻의 단어가 있다. '공연하다'이다. 내가 잘못한 것도 없는데 기분 나쁜 일이 있는지 누군가 내게 공연한 트집을 잡으면 황당하기도 하고 억울하기도 하겠다. '부모님께 공연한 말씀을 드린 것 같아', '공연한 걱정은 그만하고 공부나 해'와 같이 쓸 수 있겠다.

그동안의 노력은 다 <u>쓸데없는</u> 거였어.
⋯ 적어도 이런 말을 하게 되는 상황은 맞닥뜨리고 싶지 않다. 한동안의 노력이 헛수고였음을 깨닫게 되는 순간이 얼마나 허탈할지 상상만으로도 슬퍼진다. 중요하지 않고 쓸모가 없다는 뜻의 단어로 '부질없다'가 있다. '부질없다'는 '쓸데없다'에 허탈한 느낌이 스며들어 있는 것 같다. '그동안의 노력은 다 부질없는 거였어'라고 누군가 말한다면 세상에 헛된 노력이란 없다고, 더 크게 빛을 발할 시간을 기다리고 있는 거라고 말해 주면 조금이라도 위로가 될까.

어색한 분위기 속에서 그는 <u>쓸데없는</u> 말만 계속 이어 나갔다.
⋯ 어색한 분위기에서 침묵을 지키고 있을 배짱도 없고 딱히 할 말도 없는 상황에서 의미 있는 말들로 그 순간을 메꾸기

란 쉽지 않다. 오늘 아침 잠결에 본 사회면 뉴스 기사에서부터 이웃집 강아지의 안위에 이르기까지, 하루만 지나도 기억나지 않을 말들이 쏟아진다. 행동이나 말, 생각이 쓸데없고 싱겁다는 뜻의 '객쩍다'를 이런 상황에서 쓸 수 있다. '어색한 분위기 속에서 그는 객쩍은 말만 계속 이어 나갔다'와 같이 쓰면 된다. '객쩍다'는 의외로 여기저기 두루 쓰는 말이니 기억해 두었다 한 번쯤 사용해 보면 좋겠다.

⁎⁎ 유의어 사전 ⁎⁎

○ 괜하다 : 아무 까닭이나 실속이 없다

○ 공연하다 : 아무 까닭이나 실속이 없다

○ 부질없다 : 중요하지 않고 쓸모가 없다

○ 객쩍다 : 행동이나 말, 생각이 쓸데없고 싱겁다

⁎ 친구에게 괜한 말을 한 것 같아 신경이 쓰인다.

⁎ 기분 나쁜 일이 있는지 오늘따라 공연한 트집을 잡았다.

⁎ 그동안의 노력은 다 부질없는 거였어.

⁎ 어색한 분위기 속에서 그는 객쩍은 말만 계속 이어 나갔다.

: 33 :

쓸쓸하다

'쓸쓸하다'를 대신할 수 있는 단어에는 무엇이 있을까?

* 밤이 되자 아무도 없는 집은 더없이 ☐☐☐☐.

* 앙상한 나뭇가지만 남은 초겨울의 거리는
  ☐☐☐☐☐☐☐.

* 적막이 흐르는 새벽녘의 ☐☐☐ 느낌을 나는
  사랑한다.

* 겨울 초입으로 들어서자 오가는 사람이 없는
  거리는 ☐☐☐☐.

* 낙엽이 진 거리에는 ☐☐☐ 바람이 불었다.

한 번씩 대화가 끊기면서 간간이 핸드폰으로 메시지나 시간을 확인했지만 견디지 못할 공백은 아니었다. 부드럽고 유쾌한 말들이 오갔고, 우리는 웃고 떠들었다. 우리 모두는 서로에게 넘치지도, 부족하지도 않은 배려를 했다.

저녁 내내 이어진 명랑한 이야기가 비눗방울처럼 공중에 사라져 버리자, 우리는 조만간 다시 보자는 인사를 뒤로하고 돌아섰다. 털어놓고 싶었던 속내는 입안을 서성이다 결국 슬그머니 물러앉고 말았고, 겉과 겉을 맴돌던 그 시간이 끝나고 나니, 보란 듯 쓸쓸함이 몰려들었다.

외롭고 적적한 마음을 표현하는 '쓸쓸하다'. 이 단어를 대신할 수 있는 단어에는 무엇이 있을까?

밤이 되자 아무도 없는 집은 더없이 <u>쓸쓸했다</u>.

… 혼자 있는 시간을 늘 갈망하면서도 막상 밤을 혼자 보내면 쓸쓸하단 생각이 들곤 한다. 밤은 주로 조용하고 어둡기에 쓸쓸한 감정을 동반하는 것 같다. '조용하고 쓸쓸하다'의 뜻을 가진 '적적하다'라는 단어가 있다. '적적하다'는 있어야 할 사람이 없거나 누군가가 있었으면 좋겠는데 그 대상이 없을 때 사용한다. 여기에서는 '아무도 없는 집은 밤이 되자 더없이 적적했다'로 쓰면 되겠다.

앙상한 나뭇가지만 남은 초겨울의 거리는 <u>쓸쓸했다</u>.

… 초겨울을 떠올리면 흐린 11월의 어느 날이 떠오른다. 해가 들지 않아 날은 어스름하고 쌀쌀한데 낙엽까지 휘날리는 거리는 스산하고 쓸쓸하다. 이런 거리의 분위기는 '을씨년스럽다'라는 단어로 대신할 수 있다. '을씨년스럽다'는 '날씨나 분위기가 몹시 스산하고 쓸쓸한 데가 있다'라는 뜻이다. '앙상한 나뭇가지만 남은 초겨울의 거리는 을씨년스러웠다'로 써 보자.

　적막이 흐르는 새벽녘의 <u>쓸쓸한</u> 느낌을 나는 사랑한다.

… 딱히 아침형 인간이 아님에도 불구하고 굳이 새벽에 일어나려고 애를 쓰는 것은 아마도 새벽녘만이 줄 수 있는 느낌 때문일 것이다. 깊은 밤보다 더 고요한 적막과 희뿌연 어스름이 주는 쓸쓸함은 어쩐지 계속 느끼고 싶은 외로움이다. 〈혼불〉의 최명희 작가가 밤과 새벽의 희뿌연 시간을 표현할 단어를 찾기 위해 사흘 밤낮 먼 산만 바라봤다는 일화가 있다. 그리고 그가 찾은 단어는 '삭연하다'였다. '삭연하다'만이 그 시간의 적막한 쓸쓸함을 가장 잘 표현해 준 것이다. '삭연하다'의 뜻은 '외롭고 쓸쓸하다'라는 뜻이며, 위 문장은 '적막이 흐르는 새벽녘의 삭연한 느낌을 나는 사랑한다'로 바꿔 쓸 수 있겠다.

겨울 초입으로 들어서자 오가는 사람이 없는 거리는
<u>쓸쓸했다</u>.

… 오가는 사람이 없는, 아무 소리도 들리지 않는 거리를 걸어 본 적이 있다. 그동안은 어느 정도의 소음이 나의 불안을 잠재워 준 모양이다. 내가 내딛는 발소리만 들리는 고요한 거리는 무섭고도 쓸쓸했다. 이처럼 무서운 느낌이 들 정도로 고요하고 쓸쓸할 때는 '휘휘하다'를 쓸 수 있다. '겨울 초입으로 들어서자 오가는 사람이 없는 거리는 휘휘했다'로 쓰면 되겠다.

낙엽이 진 거리에는 <u>쓸쓸한</u> 바람이 불었다.

… '오가는 이 하나 없고 낙엽이 진 거리에 바람이 분다면 어떤 바람일까?'를 생각해 보았다. 따뜻한 기운이 감도는 바람은 아닐 것이다. 겨울 초입에 부는 쓸쓸한 바람을 표현하고 싶을 때 쓸 수 있는 단어는 '소슬하다'이다. '소슬하다'는 으스스하고 쓸쓸하다는 뜻을 가지는 단어다. '낙엽이 진 거리에는 소슬한 바람이 불었다'라고 쓰면 된다. '소슬하다'라는 단어 하나만으로 낙엽이 진 쓸쓸한 가을 풍경이 그대로 전해진다.

** 유의어 사전 **

○ 적적하다 : 조용하고 쓸쓸하다

○ 을씨년스럽다 : 날씨나 분위기가 몹시 스산하고 쓸쓸한
   데가 있다

○ 삭연하다 : 외롭고 쓸쓸하다

○ 휘휘하다 : 무서운 느낌이 들 정도로 고요하고 쓸쓸하다

○ 소슬하다 : 으스스하고 쓸쓸하다

* 밤이 되자 아무도 없는 집은 더없이 적적했다.

* 앙상한 나뭇가지만 남은 초겨울의 거리는
   을씨년스러웠다.

* 적막이 흐르는 새벽녘의 삭연한 느낌을 나는
   사랑한다.

* 겨울 초입으로 들어서자 오가는 사람이 없는
   거리는 휘휘했다.

* 낙엽이 진 거리에는 소슬한 바람이 불었다.

: 34 :

알다

'알다'를 대신할 수 있는 단어에는 무엇이 있을까?

* 환경오염의 심각성을 □□□□ 이를 해결해
  나가야 한다.

* □□□□□□ 경제 불황이 계속되면서 회사가
  어려움을 겪고 있습니다.

* 사용 방법을 □□□ 다음 적용해 보았다.

* □□□ 회의에 참여했다가 혼쭐이 났다.

* 그와 이야기를 하다가 그 사건의 원인을 □□□□
  됐다.

아는 것이 아무것도 없다는 생각이 들 때가 있다. 십수 년 같은 일을 해 왔는데도 그건 어떻게 하는 것이냐고 물어 오면 별안간 머릿속이 아득해져 우물쭈물하게 될 때가 그렇다. 속속들이 다 안다 생각했던 친구의 속사정을 엉뚱한 상대에게서 듣게 될 때도 그렇다. 어디 그뿐인가? 숨겨 뒀던 내 속내를 처음 만난 사람에게 줄줄이 늘어놓는 바람에 그가 졸지에 내 비밀을 아는 이 지구상의 유일한 사람이 되어 버리는 순간, 내가 알던 '알다'의 의미는 뒤범벅이 되고 만다.

안다는 것은 무엇인가? 안다는 것은 모른다는 것의 또 다른 말일까? 알다가도 모를 일이다.

'안다'는 '교육, 경험, 사고 행위 등을 통해 사물 또는 상황에 대한 정보나 지식을 갖추다', '어떤 사실이나 상태에 대해 의식이나 감각으로 깨닫다', '심리적 상태를 마음속으로 깨닫다'라는 뜻을 갖는다. 알다가도 모를 '알다'를 대신할 수 있는 단어에는 무엇이 있을까?

환경오염의 심각성을 알고 이를 해결해 나가야 한다.
… 생각하고 판단해서 처한 상황이나 사태를 알아야 할 때가 많다. 환경오염과 같은 심각한 문세리면 더더욱 그러할 것이다. 이때 '알다'의 자리를 대신할 수 있는 단어로 '인지하다'를 들 수 있다. '인지하다'는 '사물을 분별하고 판단하여 알다'라

는 뜻이다. '환경오염의 심각성을 인지하고 이를 해결해 나가야 한다'로 바꿔 보자.

알다시피 경제 불황이 계속되면서 회사가 어려움을 겪고 있습니다.

⋯ 이 문장은 아마도 회사 경영진이 직원들을 대상으로 한 말일 것이다. 여기서 '알다시피'는 '이 회사 구성원들이라면 다 아는 것처럼'과 같이 이해할 수 있다. 즉, 여러 사람이 잘 알고 있다는 것이다. 여기에서는 '여러 사람이 두루 알다'의 뜻을 가진 '주지하다'를 대신해 쓸 수 있다. '주지하다시피 경제 불황이 계속되면서 회사가 어려움을 겪고 있습니다'와 같이 쓰면 되겠다.

사용 방법을 안 다음 적용해 보았다.

⋯ 나는 기계치임에도 건방지게 사용 설명서 읽는 것을 싫어한다. 대충 짐작하고선 이것저것을 두들겨 보는데 기계에 대한 감이 없으니 백이면 백 잘 안 된다. 사용 설명서를 잘 읽고 방법을 충분히 안 다음에 해 보면 되는데, 그 과정이 나에게는 너무 귀찮은 것이다. 여기에서는 '숙지하다'가 어울리는 단어이다. '숙지하다'는 '충분히 알다'의 뜻이다. '사용 방법

을 숙지한 다음 적용해 보았다'로 바꿀 수 있다.

대충 알고 회의에 참석했다가 혼쭐이 났다.

… 모르는 것은 아닌데 대충 알 때 우리는 어떤 단어를 쓸 수 있을까? 나만 들어가는 회의가 아니니 내용만 대강 파악하고 들어갔다가 고생한 경험이 다들 있을 것이다. '자세히 모르고 대강만 알다'라는 뜻의 '데알다'가 있다. 이 문장에서는 '데알고 회의에 참석했다가 혼쭐이 났다'와 같이 쓸 수 있겠다.

그와 이야기를 하다가 그 사건의 원인을 알게 됐다.

… 아무리 생각해도 몰랐던 일인데 뜻밖의 일이나 경험이 단서가 되어 해답이 떠오를 때가 있다. 오랫동안 생각해 내지 못했던 일을 어떤 실마리로 말미암아 깨닫거나 분명히 알게 될 때 쓰는 말, '깨단하다'. '그와 이야기를 하다가 그 사건의 원인을 깨단하게 됐다'와 같이 쓸 수 있다.

✲ 유의어 사전 ✲

- 인지하다 : 사물을 분별하고 판단하여 알다

- 주지하다 : 여러 사람이 두루 알다

- 숙지하다 : 충분히 알다

- 데알다 : 자세히 모르고 대강만 알다

- 깨단하다 : 오랫동안 생각해 내지 못하던 일을 어떠한 실
  마리로 말미암아 깨닫거나 분명히 알다

✲ 환경오염의 심각성을 인지하고 이를 해결해 나가야
한다.

✲ 주지하다시피 경제 불황이 계속되면서 회사가
어려움을 겪고 있습니다.

✲ 사용 방법을 숙지한 다음 적용해 보았다.

✲ 데알고 회의에 참석했다가 혼쭐이 났다.

✲ 그와 이야기를 하다가 그 사건의 원인을 깨단하게
됐다.

: 35 :
어이없다

'어이없다'를 대신할 수 있는 단어에는 무엇이 있을까?

* 완벽해 보이는 사람도 가끔은 □□□□□□
  실수를 저지른다.

* 그의 말도 안 되는 거짓말이 하도 □□□□ 멍하니
  쳐다보기만 했다.

* 학교를 그만뒀다는 자식의 말에 부모는
  □□□□□□ 아무 말도 못 했다.

* 성범죄를 대하는 사람들의 왜곡된 인식을 보면
  참으로 □□□□.

따지고 싶은 욕망에 걸맞은 논리를 어디에서도 찾을 수 없을 때가 있다. 부스러진 논리가 아무 말 하지 못하고 씩씩대고만 있을 때, '어이없다'는 쪼그라든 나를 한마디로 대변해 준다. 누군가에게 내 억울함을 털어놓을 때도 그렇다. "어이없었겠다"라는 상대의 짤막한 맞장구가 들려오면 나는 묘한 승리감과 더불어 위안을 얻는다.

구절구절 말하지 않아도 설명이 되고 때론 공감과 위로가 되기도 하는 말, '어이없다'. '어이없다'는 좀 투박하지만 어쩐지 푸근한 말이다. 일이 너무 뜻밖이어서 기가 막힌다는 뜻의 '어이없다'를 대신할 수 있는 말에는 무엇이 있을까?

완벽해 보이는 사람도 가끔은 <u>어이없는</u> 실수를 저지른다.

⋯ 완벽해 보이는 사람이 가끔 어이없는 실수를 하는 것을 보면 나와 비슷한 사람일지도 모른다는 생각이 들어 문득 가깝게 느껴질 때가 있다. 이때 '어이없다'의 자리를 대신할 수 있는 말로 흔히 알고 있는 '**어처구니없다**'를 떠올릴 수 있다. '어처구니없다'는 너무 뜻밖의 일을 당해 기가 막히는 듯하다는 뜻이다. 아무리 완벽해도 가끔은 어처구니없는 실수를 해야만 왠지 사람 냄새가 날 것만 같다.

> 그의 말도 안 되는 거짓말이 하도 <u>어이없어서</u> 멍하니
> 쳐다보기만 했다.

… 이왕 거짓말을 하기로 마음 먹었다면 완벽하게 속이는 게 차라리 더 나을지도 모른다는 생각을 할 때가 있다. 누가 들어도 말도 안 되는 거짓말을 하는 걸 보고 있자면 대체 어떤 반응을 보여야 할지 몰라 난감해지기 때문이다. 여기에서는 '어이없다'의 자리에 '기막히다'를 써볼 수 있겠다. 어떤 일이 놀랍거나 언짢아서 어이없다는 뜻의 '기막히다' 역시 종종 쓰는 단어이다. '그의 말도 안 되는 거짓말이 하도 기막혀서 멍하니 쳐다보기만 했다'로 바꾸어 써 보자.

> 학교를 그만뒀다는 자식의 말에 부모는 <u>어이없어서</u> 아무
> 말도 못 했다.

… 어렵게 입학한 학교를 자식이 한마디 상의도 없이 그만둬 버렸다는 말을 들은 부모의 마음은 어떨까? 말문부터 막힐 것이다. 이처럼 갑자기 벌어진 말이나 행동이 터무니없어서 어이가 없을 때 쓰는 단어가 있다. 바로 '생게망게하다'이다. '생게망게하다'는 다소 생경하게 느껴지나, 의외로 뉴스 기사나 문학 작품에서 종종 등상하는 단어이다 '학교를 그만뒀다는 자식의 말에 부모는 생게망게해서 아무 말도 못 했다'로 바꾸어 쓰면 되겠다.

성범죄를 대하는 사람들의 왜곡된 인식을 보면 참으로 <u>어이없다</u>.

··· '아연실색'이라는 고사성어가 있다. 생각지도 못한 일에 얼굴색이 변할 정도로 크게 놀랐다는 뜻이다. 이와 더불어 '아연하다'라는 단어도 알아 두자. '아연하다'는 너무 놀라거나 어이가 없어서 또는 기가 막혀서 입을 딱 벌린 채 아무 말도 못 하는 상태를 뜻한다. '성범죄를 대하는 사람들의 왜곡된 인식을 보면 참으로 아연하다'라고 쓸 수 있겠다.

✷✷ 유의어 사전 ✷✷

◦ 어처구니없다 : 너무 뜻밖의 일을 당해서 기가 막히는 듯
   하다

◦ 기막히다 : 어떤 일이 놀랍거나 언짢아서 어이없다

◦ 생게망게하다 : 갑자기 벌어진 말이나 행동이 터무니없
   어 어이가 없다

◦ 아연하다 : 너무 놀라거나 어이가 없어서 또는 기가 막혀
   서 입을 딱 벌리고 말을 못 하는 상태이다

* 완벽해 보이는 사람도 가끔은 어처구니없는 실수를
  저지른다.

* 그의 말도 안 되는 거짓말이 하도 기막혀서 멍하니
  쳐다보기만 했다.

* 학교를 그만뒀다는 자식의 말에 부모는
  생게망게해서 아무 말도 못 했다.

* 성범죄를 대하는 사람들의 왜곡된 인식을 보면
  참으로 아연하다.

: 36 :

어둡다

'어둡다'를 대신할 수 있는 단어에는 무엇이 있을까?

* 이 방은 반지하라서 한낮에도 □□□□□□.
* 그 집은 조명이 □□□□□□ 영업을 하는지 안
  하는지 얼핏 봐선 잘 모른다.
* 종일 비가 내린 탓에 한낮에도 □□□□□□
  전조등을 켜고 운전했다.
* 장마철이라 일주일 내내 하늘이 □□□□□.
* 아침부터 날이 □□□□□□□ 결국 비가
  쏟아지네.
* 새벽이라 □□□□□ 그 사람 얼굴을 제대로 못
  봤어요.

땅거미가 내려앉기 시작하면 놀이터에서 놀던 아이들은 하나둘 집으로 돌아갔다. 얼마 남지 않은 빛과 어둠이 공존하는 순간은 아쉬움과 두려움이 교차하는 시간이기도 했다. 모든 것이 어둠에 잠겨 버릴 것 같은 두려움에 마음속 속삭임은 잰걸음도 다그쳤다.

'이제 집으로 돌아갈 시간이야.'

어둠에 쫓기듯 달음박질해 집 앞에 설 때면 숨이 턱까지 차올라 있었다. 몸에 새겨진 어둠에 대한 관념은 어스레한 저녁, 나를 으레 숨가쁘게 달리고 또 달리게 했다.

빛이 없어 밝지 않다는 뜻의 '어둡다'. 어린 나를 달려가게 했던 '어둡다'를 대신할 수 있는 말에는 무엇이 있을까?

이 방은 반지하라서 한낮에도 <u>어둡다</u>.

… 반지하 방은 아무래도 햇빛이 잘 들지 않아 어둡다. 어둡고 주변이 컴컴할 때 우리는 '어두컴컴하다'를 사용할 수 있다. '이 방은 반지하라서 한낮에도 어두컴컴하다'라고 바꾸어 쓰면 되겠다.

그 집은 조명이 어두워서 영업을 하는지 안 하는지 얼핏
봐선 잘 모른다.

… 빛이 약해서 어둡고 컴컴할 때 '어둠침침하다'라는 단어를
쓴다. 어두워 시야가 흐릿해 잘 보이지 않을 때 '어둠침침하
다'를 쓰며, '어두침침하다'라고도 쓸 수 있다. 여기에서는 '그
집은 조명도 어둠침침해서 영업을 하는지 안 하는지 얼핏 봐
선 잘 모른다'라고 쓰면 된다.

종일 비가 내린 탓에 한낮에도 어두워서 전조등을 켜고
운전했다.

… 날이 궂으면 한낮인데도 저녁처럼 어두울 때가 있다. 그럴
때면 아무리 한낮이라도 잘 보이지 않아서 운전 중이라면 전
조등을 켜야 한다. 이처럼 사물을 분명히 알아볼 수 없을 정
도로 어두울 때 '어둑어둑하다'라는 단어를 쓸 수 있다. 여기
에서는 '한낮에도 어둑어둑해서 전조등을 켜고 운전했다'와
같이 바꾸어 써 보자.

장마철이라 일주일 내내 하늘이 어둡다.

… 날이 흐리고 어둠침침할 때는 '끄무레하다'를 떠올려 볼 수
있겠다. '끄무레하다'는 해가 없고 구름으로 잔뜩 뒤덮인 하

늘, 비가 오는 어두컴컴한 날씨에 딱 들어맞는 형용사다. '장마철이라 일주일 내내 하늘이 끄무레하다'와 같이 바꾸어 쓰면 그 어떤 단어보다도 흐리고 어두운 날의 장면을 잘 표현해 줄 것이다. '끄무레하다'와 비슷한 말로 '그느름하다'도 있다. '비가 오려는지 하늘이 그느름하다'와 같이 쓸 수 있다.

아침부터 날이 <u>어둡</u>더니 결국 비가 <u>쏟아지</u>네.

… 흔히들 '날이 꾸물꾸물하다'라는 말을 많이 쓴다. 잔뜩 찌푸린 날을 표현하는 단어로 '꾸물꾸물하다'를 선택했을 것이다. 그러나 '꾸물꾸물하다'는 매우 느리게 움직이는 것을 표현하는 동사이기 때문에 '날이 꾸물꾸물하다'는 틀린 말이다. 날이 흐려서 어둡다는 것을 말하고 싶을 때는 '끄물끄물하다'를 써야 한다. '끄물끄물하다'는 '날이 개지 않고 몹시 흐려지다', '불빛 따위가 밝게 비치지 않고 몹시 침침해지다'라는 뜻으로 쓴다.

새벽이라 <u>어두워</u>서 그 사람 얼굴을 제대로 못 <u>봤</u>어요.

… 새벽은 아직 어두컴컴해서 잘 보이지는 않지만, 빛이 스미기 시작하는 시간이다. 빛이 약하여 조금 어둡다는 뜻의 '어스름하다'가 새벽녘의 어둠을 가장 잘 표현하는 듯하다. '새

벽이라 어스름해서 그 사람 얼굴을 제대로 못 봤어요'와 같이 바꾸어 써 보자. 이때, '어스레하다'라는 단어도 생각해 볼 수 있다. 빛이 조금 어둑하다는 뜻의 '어스레하다'도 이 문장에서 바꾸어 쓰기 좋은 단어다.

✲ 유의어 사전 ✲

- 어두컴컴하다 : 어둡고 컴컴하다
- 어둠침침하다/어두침침하다 : 어둡고 침침하다
- 어둑어둑하다 : 사물을 똑똑히 알아볼 수 없을 정도로 어둡다
- 끄무레하다/끄느름하다 : 날이 흐리고 어두침침하다
- 끄물끄물하다 : 날이 개지 않고 몹시 흐려지다
- 어스름하다 : 빛이 약해서 조금 어둡다
- 어스레하다 : 빛이 조금 어둑하다

* 이 방은 반지하라서 한낮에도 어두컴컴하다.

* 그 집은 조명이 어둠침침해서 / 어두침침해서
영업을 하는지 안 하는지 얼핏 봐선 잘 모른다.

* 종일 비가 내린 탓에 한낮에도 어둑어둑해서
전조등을 켜고 운전했다.

* 장마철이라 일주일 내내 하늘이 끄무레하다 /
끄느름하다.

* 아침부터 날이 끄물끄물하더니 결국 비가
쏟아지네.

* 새벽이라 어스름해서 / 어스레해서 그 사람 얼굴을
제대로 못 봤어요.

애쓰다

'애쓰다'를 대신할 수 있는 단어에는 무엇이 있을까?

---

* 이 작품의 완성도를 높이려고 작가는 몇 년간
  두문불출하고 □□□□.

* 지금껏 □□□□ 살아왔지만 나에게 남은 것은
  아무것도 없다.

* 청년 실업률이 높아지자 정부는 대책 마련에
  □□□□ 있다.

* 기별을 받고 □□□□ 달려갔지만 내가 도착했을
  때는 이미 돌아가신 후였다.

'애쓰다'라는 단어를 떠올리면 달그락달그락하는 소리가 들리는 것만 같다. 무엇엔가 애쓰기 시작하는 순간, 기대와 불안은 옥신각신 요란하게 소란을 피운다. 바지런히 노력하면 뭐든 잘 되겠지, 싶다가도 어느새 애쓴 만큼 커져 버린 두려움과 맞닥뜨리면 쿨렁, 마음이 떨어진다. 순수하게 공만 들이기엔 잡념은 쉼 없이 나를 휘젓고 다니고, 잡념들 앞에선 나의 노력은 한없이 무력하다.

'애쓰다'는 마음과 힘을 다하여 무엇을 이루려고 힘쓰는 것을 말한다. 오늘 하루도 종일 달그락거리는 어수선한 마음의 조각들에 상처받지 않기를, 흔들리지 않고 지나칠 수 있기를 바란다.

이 작품의 완성도를 높이려고 작가는 몇 년간

두문불출하고 애썼다.

… 하나의 작품을 수년간 가다듬고 또 가다듬었을 작가의 마음은 어떤 마음일까. 그 작품이 완성되고 나서의 마음은 또 어땠을까. 어떤 일을 이루는 데 상당히 많은 정성과 노력을 들일 때 '공들이다'라는 단어를 사용할 수 있다. 위 문장의 '애썼다'는 '공들였다'로 바꿀 수 있겠다. 공들여 만들고 준비하는 모든 일에 보람이 있다면 얼마나 좋을까!

지금껏 애쓰며 살아왔지만 나에게 남은 것은 아무것도 없다.

… 지하철을 타면 내 옆에 앉은 사람이 뭘 하나 궁금해질 때가 있다. 그럴 때마다 은근슬쩍 곁눈질하며 그들의 그 순간을 엿본다. 어느 날은 앳된 학생이 인터넷 강의를 들으며 공부를 하고, 어느 날은 점잖은 직장인이 주식 유튜브를 진지하게 본다. 또 누군가는 열심히 야구 중계를 보고, 또 다른 누군가는 빠른 속도로 메시지를 보내고 있다. 덜컥거리는 지하철을 탄 모두의 시간은 그렇게도 촘촘하게 여물어 있었다.

누구 하나 애면글면 살지 않는 이가 있을까. '몹시 힘든 일을 이루려고 갖은 애를 쓴다'라는 뜻의 '애면글면하다'라는 단어를 보면 왠지 모두의 애쓴 하루가 연상된다. '애면글면하다 보면 언젠가는 이룰 거야', '그는 애면글면 돈을 벌어 큰 부자가 되었다'와 같이 쓸 수 있다. 지금껏 애면글면 살아왔지만 남은 것이 아무것도 없다고 느끼는 상황은 만나고 싶지 않다.

청년 실업률이 높아지자 정부는 대책 마련에 애쓰고 있다.

… 고민스러운 일이 생겼을 때 해결 방법을 찾으려고 애쓴다. 이때 '애쓰다'의 자리에는 '어떤 문제를 해결하기 위한 방안을 생각해 내느라 몹시 애쓰다'라는 뜻의 '부심하다'가 올 수

있다. 여기에서는 '청년 실업률이 높아지자 정부는 대책 마련에 부심하고 있다'로 바꾸어 쓰면 된다. 한편, '부심하다'는 '마음이 썩을 정도로 매우 걱정하다'라는 뜻도 가지는데 이때는 '여행 간 동생에게 연락이 되지 않아 부모님이 부심하고 계신다'와 같이 쓸 수 있다. 더 나아가 신문에서 자주 보이는 '절치부심(切齒腐心)하다'도 알아 두면 좋겠다. '절치부심하다'는 '이를 갈 정도로 매우 분해서 속을 썩이다'라는 뜻이다. '그에게 속은 것에 절치부심하여 몇 날 며칠 잠을 잘 수 없었다'와 같이 사용할 수 있다.

기별을 받고 <u>애써</u> 달려갔지만 내가 도착했을 때는 이미 돌아가신 후였다.

… 여기에서는 허우적거리며 매우 애를 쓴다는 뜻의 '허위단심'을 떠올릴 수 있다. 허위단심은 마치 사자성어처럼 보이지만 순우리말이다. 허위단심은 주로 '달려가다/오다', '쫓아가다/오다', '헤쳐가다/오다'와 같은 단어와 함께하며 '허위단심으로'의 형태로 쓴다.

﹡﹡ 유의어 사전 ﹡﹡

○ 공들이다 : 어떤 일을 이루는 데 상당히 많은 정성과 노력
  을 들이다

○ 애면글면하다 : 몹시 힘든 일을 이루려고 갖은 애를 쓰다

○ 부심하다 : 문제를 해결하기 위한 방안을 생각해 내느라
  몹시 애쓰다

○ 허위단심 : 허우적거리며 매우 애를 씀

﹡ 이 작품의 완성도를 높이려고 작가는 몇 년간
  두문불출하고 공들였다.

﹡ 지금껏 애면글면 살아왔지만 나에게 남은 것은
  아무것도 없다.

﹡ 청년 실업률이 높아지자 정부는 대책 마련에
  부심하고 있다.

﹡ 기별을 받고 허위단심 달려갔지만 내가 도착했을
  때는 이미 돌아가신 후였다.

: 38 :

울다

'울다'를 대신할 수 있는 단어에는 무엇이 있을까?

---

* 이미 엎질러진 물이야. □□□□□ 봐야 소용이
  없어.

* 아이가 갑자기 □□□□ 아버지가 어쩔 줄 몰라
  했다.

* 서러워진 나는 아무 말도 하지 않은 채 □□□□
  있었다.

* 그는 화장실에 들어가 남몰래 □□□□ 나왔다.

* 이렇게 성의 없는 사과에 내가 □□□□□□ 해야
  한다는 건가?

나이가 들면 감정의 끈도 낡아가는 모양이다. 툭하면 아무 데서나 시시하게 등장해 버리는 눈물만 봐도 그렇다. 여기는 네가 나올 데가 아니라고 힘껏 당겨 보지만, 해져 버린 끈으로는 역부족이다. 더구나 한 번 뛰쳐나온 눈물은 주접스레 자리를 깔고선 금세 돌아갈 기미를 보이지 않아 난감하기 짝이 없다. 비자발적인 울음이 자발적인 의지로 멈춰지지 않으니 '네가 감히 주제넘게!' 하고 슬슬 부아가 치밀기까지 한다.

'울다'는 '기쁨, 슬픔 따위의 감정을 억누르지 못하거나 아픔을 참지 못해서 눈물을 흘린다'라는 뜻의 단어이다. '울다'와 바꾸어 쓸 수 있는 단어에는 무엇이 있을까?

이미 엎질러진 물이야. 울어 봐야 소용이 없어.

… 온 마음이 후회로 가득하다. 울기라도 하면 속이 좀 시원해질 것 같다. 울어 봐야 달라지는 것 하나 없다는 것은 안다. 상황을 바꿔 보겠다는 게 아니라 울기라도 해서 답답한 마음을 풀어 보고 싶은 것이다. 속시원하게 울려면 소리를 좀 내어야 한다. 소리를 내어 야단스럽게 부르짖으며 운다는 뜻의 **'울고불고하다'**가 있다. 같은 뜻으로 **'우녜부녜하다'**를 쓸 수도 있다. '우녜부녜해 봐야 소용이 없어'와 같이 바꿀 수 있다.

아이가 갑자기 울자 아버지가 어쩔 줄 몰라 했다.

… 아이들은 마치 온몸으로 우는 것 같다. 제 분을 못 이겨 바닥에 드러눕기도 하고 그마저도 모자라 팔다리를 휘저으며 시뻘게진 얼굴로 목이 쉴 때까지 운다. 이처럼 몹시 심하게 울 때는 '들이울다'가 떠오른다. '아이가 장난감을 사달라며 바닥에 드러누워 들이울었다'와 같이 쓸 수 있겠다.

서러워진 나는 아무 말도 하지 않은 채 울고만 있었다.

… 소리 내어 울 수 있는 상황은 차라리 낫다. 슬픈데 울음을 참아야 하는 상황에서는 서러움이 배가 된다. 시원하게 울지 못하고 참으면서 우는 서러운 울음에 딱 들어맞는 단어가 있다. 바로 '늘키다'이다. 울음을 삼켜야만 하는 그 상황이 왠지 그려지는 단어다. '서러워진 나는 아무 말도 하지 않은 채 늘키고만 있었다'로 써 보자.

그는 화장실에 들어가 남몰래 울다 나왔다.

… 남몰래 울려면 아무래도 소리를 내며 울 수가 없다. 하지만 제이가 인 데 눈물 콧물 쏟아내다 보면 어쩔 수 없이 훌쩍훌쩍 소리를 낼 수밖에 없다. 콧물을 들이마시며 조금씩 흐느껴 울 때 우리는 '훌짝이다' 내지는 '훌쩍이다'를 쓸 수 있

다. '그는 화장실에 들어가 남몰래 훌쩍이다 나왔다'로 쓸 수 있다.

> 이렇게 성의 없는 사과에 내가 감동 받아 <u>울기라도</u> 해야 한다는 거니?

… 감동해서 목이 메어 우는 상황에 쓸 수 있는 말로 '감읍하다'가 있다. '이렇게 성의 없는 사과에 내가 감읍하기라도 해야 한다는 건가?'와 같이 쓸 수 있다. '감읍하다'는 일상생활에서는 그리 자주 쓰는 단어가 아니나 신문 기사에서 종종 등장하므로 알아 두면 유용할 것이다.

✲ 유의어 사전 ✲

- 울고불고하다/우네부네하다 : 소리를 내어 야단스럽게 부르짖으며 운다
- 들이울다 : 몹시 심하게 울다
- 늘키다 : 시원하게 울지 못하고 꿀꺽꿀꺽 참으면서 느끼어 울다
- 훌쩍이다/훌적이다 : 콧물을 들이마시며 조금씩 흐느껴 울다
- 감읍하다 : 감격하여 목메어 울다

* 이미 엎질러진 물이야. 울고불고해 / 우네부네해
  봐야 소용이 없어.

* 아이가 갑자기 들이울자 아버지가 어쩔 줄 몰라
  했다.

* 서러워진 나는 아무 말도 하지 않은 채 늘키고만
  있었다.

* 그는 화장실에 들어가 남몰래 홀짝이다 / 훌쩍이다
  나왔다.

* 이렇게 성의 없는 사과에 내가 감읍하기라도 해야
  한다는 건가?

: 39 :

웃다

'웃다'를 대신할 수 있는 단어에는 무엇이 있을까?

---

* ☐☐☐☐☐☐ 나를 놀려 대는 그를 노려보았다.

* 그만 ☐☐☐☐☐☐ 일이나 똑바로 해.

* 아이는 저 멀리서 엄마를 보고 ☐☐☐☐ 달려왔다.

* 아이들이 물감으로 장난을 치며 ☐☐☐☐☐☐.

* 그가 ☐☐☐☐☐ 모습을 보면 화가 났던 마음도
금세 풀어진다.

* 그의 엉뚱한 질문에 선생님은 한참을
☐☐☐☐☐☐.

"눈을 감고 입꼬리를 지그시 올려 봅니다. 부드럽게 미소를 지어 봅니다."

명상 프로그램 속 선생님이 말씀하셨다.

'미소를 지으라니?'

미소라는 것을 난생처음 지어보는 사람처럼 어물거리며 양쪽 입꼬리를 올렸다. 파르르 떨리는 입꼬리에 어쩐지 멋쩍었다. 아무도 없는 공간에서 나를 향해 짓는 미소는 이렇게나 생경했다.

'웃다'는 기쁘거나 만족스럽거나 우스울 때 얼굴을 활짝 펴거나 소리를 낸다는 뜻이다. '웃다'의 사전적 정의에 들어맞게 웃었던 적이 얼마나 있었던가. 그동안의 내 미소와 웃음은 타인을 위해서 다 소진해 버린 건 아니었을까. 느닷없이 그런 생각이 들었다.

<u>웃으며</u> 나를 놀려 대는 그를 노려보았다.

… 남의 기분을 상하게 할 만큼 웃으며 놀려 대는 상황에서는 '웃다'라는 단어만으로는 의미를 생생하게 살리기 어렵다. 소리 내어 크게 웃는다는 뜻의 '가가대소하다'를 한 번 써 보는 것이 어떨까? '가가대소하며 나를 놀려 대는 그를 노려보았다'라는 문장으로 바꾸어 쓰면 나를 놀리는 그의 행위가 더 얄밉게, 생동감 있게 그려지는 느낌이다.

그만 웃고 일이나 똑바로 해.

… 일에 집중하지 않고 계속 까불며 장난치고 웃는 이 상황에 매우 적합한 단어가 있다. 바로 '시실시실하다'이다. 시실시실하다'는 '점잖지 못하게 실없이 자꾸 까불면서 웃는다는 뜻이다. '그만 시실시실하고 일이나 똑바로 해'로 써 보자.

아이는 저 멀리서 엄마를 보고 웃으며 달려왔다.

… 나는 아이들의 웃음이 좋다. 양껏 얼굴을 찡그리고선 두 눈을 초승달 모양으로 만드는 그 얼굴이 좋다. 얼굴을 저렇게 구기고도 아름다울 수 있구나 싶다. 아이들의 이런 웃음을 잘 표현한 단어가 있다. '해죽하다'이다. 만족스러운 듯이 귀엽게 살짝 웃는다는 뜻의 '해죽하다'를 보면 저 멀리서 엄마를 보고 초승달 눈을 하고선 달려오는 아이가 연상된다.

아이들이 물감으로 장난을 치며 웃었다.

… 만약 이 상황이 아이들이 선생님의 눈치를 보며 웃는 상황이라면 어떨까? 큰 소리로 웃지는 못하겠고 그런데 웃음은 계속 입을 비집고 나오는 그런 상황이라면 '키들키들하다'라는 단어로 바꾸어 써 볼 수 있다. 웃음을 참지 못해 입속으로 계속 웃는다는 뜻의 '키들키들하다'는 이 상황에 딱 어울리

는 단어다.

   그가 <u>웃는</u> 모습을 보면 화가 났던 마음도 금세 풀어진다.
… 화가 났던 마음도 풀리게 만드는 웃음은 어떤 웃음일까?
큰 소리로 껄껄 웃는 웃음은 아닐 테고 시실시실하는 웃음도
아닐 테다. 화가 났던 마음도 풀어주는 부드러운 웃음으로
'상그레하다'가 있다. '상그레하다'는 눈과 입을 귀엽게 움직
이면서 부드럽게 웃는다는 뜻으로 '생그레하다'로도 쓸 수 있
다. '그가 상그레하는 모습을 보면 화가 났던 마음도 금세 풀
어진다'로 쓸 수 있다.

   그의 엉뚱한 질문에 선생님은 한참을 <u>웃었다</u>.
… 이 상황에서는 크게 웃어야 할 것 같다. '얼굴이 찢어질 정
도로 크게 웃다' 혹은 '매우 즐거운 표정으로 활짝 웃다'라는
뜻의 '파안대소하다'도 '웃다'를 자주 대신하는 말이다. 여기
에서는 '그의 엉뚱한 질문에 선생님은 한참을 파안대소했다'
라고 쓸 수 있다.

∗∗ 유의어 사전 ∗∗

- 가가대소(呵呵大笑)하다 : 소리 내어 크게 웃다

- 시실시실하다 : 점잖지 못하게 실없이 자꾸 까불면서 웃다

- 해죽하다 : 만족스러운 듯이 귀엽게 살짝 웃다

- 키득키득하다 : 웃음을 걷잡지 못해 입속으로 계속 웃다

- 상그레하다/생그레하다 : 눈과 입을 귀엽게 움직이면서
  부드럽게 웃는다

- 파안대소(破顔大笑)하다 : 매우 즐거운 표정으로 활짝 웃다

∗   가가대소하며 나를 놀려 대는 그를 노려보았다.

∗   그만 시실시실하고 일이나 똑바로 해.

∗   아이는 저 멀리서 엄마를 보고 해죽하며 달려왔다.

∗   아이들이 물감으로 장난을 치며 키득키득했다.

∗   그가 상그레하는/생그레하는 모습을 보면 화가
    났던 마음도 금세 풀어진다.

∗   그의 엉뚱한 질문에 선생님은 파안대소했다.

위협하다

'위협하다'를 대신할 수 있는 단어에는 무엇이 있을까?

* 아무리 □□□ □□□ 그 일에 대해 그는 입을 꾹 다문 채 한마디도 하지 않았다.

* 그는 주먹을 쥐고 □□□□□, 상대방은 한 발짝도 뒤로 물러서지 않았다.

* 사장은 실적이 나쁜 직원들은 당장 해고하겠다고 □□□□□.

* 그는 자신의 말을 듣지 않으면 나의 비밀을 만천하에 알리겠다고 □□□□.

* 조금만 화가 나도 □□□을 들이대는 사람은 멀리해야 한다.

박 대리의 말에는 쉼표도 마침표도 없었다. 따닥따닥 붙어선 그의 말들이 회의실을 매캐하게 메우자 일순 숨이 막혔다. 말이 공기를 탁하게 만들 수도 있다는 걸 알게 된 날이었다. 사회생활을 왜 이따위로 하느냐, 이런 식이면 곤란하다, 일이 잘못되면 책임을 질 거냐는 그의 말들은 종주먹이 되어 내 귀를 내리쳤다.

알량한 선배 노릇을 하자고 말도 안 되는 트집을 잡아 나를 을러메고 있는 박 대리에게 나는 왜 애써 얼굴빛을 꾸며가며 죄송하다고 말해야 했을까. 위협적으로 쏘아 대는 선배에게 따지지는 못해도 대체 내게 왜 이러는지 모르겠다는 표정이라도 내비쳤어야 했다. 그것이 나에 대한 최소한의 예의라는 것을 알면서도 그때의 나는 내게 무례할 수밖에 없었다.

무서운 말이나 행동으로 상대방이 두려움을 느끼도록 한다는 뜻의 '위협하다'. 이를 대체할 수 있는 또 다른 말에는 무엇이 있을까?

아무리 <u>위협해도</u> 그 일에 대해 그는 입을 꾹 다문 채

한마디도 하지 않았다.

··· 상대편이 겁을 먹도록 무서운 말이나 행동으로 위협한다는 뜻의 '으르다'를 '위협하다' 대신 써 보자. '아무리 으르고 을러도 그 일에 대해 그는 한마디도 하지 않았다'로 바꾸어 쓸 수 있겠다. '으르다'는 '으르고', '으르니', '을러'의 형태로 쓴다. 흔히 사용하는 '으름장'은 '으르다'의 명사형인 '으름'과 '장'이 결합하여 만들어진 말이며, 주로 '으름장을 놓다'로 쓴다. 한편 '으르다'를 '어르다'로 잘못 사용하는 경우가 있는데, '어르다'는 무엇을 보여 주거나 들려 주어서 아이를 달랜다는 뜻으로 '으르다'와는 구별해서 사용해야겠다.

그는 주먹을 쥐고 <u>위협했지만</u>, 상대방은 한 발짝도 뒤로

물러서지 않았다.

··· 위협적인 말과 행동으로 을러서 남을 억누른다는 뜻의 단어에는 또 무엇이 있을까? '을러대다'가 있다. '그는 주먹을 쥐고 을러댔지만, 상대방은 한 발짝도 뒤로 물러서지 않았다'로 바꾸어 쓸 수 있겠다.

사장은 실적이 나쁜 직원들은 당장 해고하겠다고
<u>위협했다</u>.

… '을러대다'와 같은 뜻의 단어가 있다. '을러메다'이다. 여기에서는 '사장은 실적이 나쁜 직원들은 당장 해고하겠다고 을러멨다'로 바꾸어 쓰면 된다.

그는 자신의 말을 듣지 않으면 나의 비밀을 만천하에
알리겠다고 <u>위협했다</u>.

… 이번에는 상대방이 두려움을 느끼도록 하는 것을 넘어서서 상대방을 위협해서 남에게 억지로 어떤 일을 하도록 한다는 뜻의 '협박하다'를 사용해 보자. 이 문장에서는 자신의 말을 들으라는 강요가 있었으므로 '협박하다'를 쓰는 것이 어울리겠다. '그는 자신의 말을 듣지 않으면 나의 비밀을 만천하에 알리겠다고 협박했다'와 같이 바꿔쓸 수 있겠다.

조금만 화가 나도 남을 <u>위협하는</u> 사람은 멀리해야 한다.

… 조금만 화가 나도 주먹을 들이대며 위협적인 행동을 하는 사람은 멀리하는 게 상책이다. 위협하거나 을러댈 때 쥐는 주먹을 이르는 말인 '종주먹'을 떠올려 보자. '종주먹'은 '들이대다'와 함께 사용할 때가 많다. 여기에서는 '조금만 화가 나

도 종주먹을 들이대는 사람은 멀리해야 한다'로 바꾸어 쓰면 되겠다.

  김 의원은 야당이 언론사를 돌아다니며 <u>위협적인</u> 언동을
  하고 있다고 지적했다.

⋯ 으르고 협박한다는 뜻의 '겁박하다'라는 단어가 있다. '김 의원은 야당이 언론사를 돌아다니며 겁박하고 있다고 지적했다'로 바꾸어 쓸 수 있다. '겁박하다'는 위협하고 협박한다는 뜻으로 신문 기사에서 상당히 자주 쓰인다.

✼ 유의어 사전 ✼

- 으르다 : 상대방이 겁을 먹도록 무서운 말이나 행동으로 위협하다
- 을러대다 : 위협적인 말과 행동으로 을러서 남을 억누르다
- 을러메다 : 위협적인 말과 행동으로 을러서 남을 억누르다
- 협박하다 : 상대방을 위협해서 남에게 억지로 어떤 일을 하도록 하다
- 종주먹 : 위협하기니 을러댈 때 쥐는 주먹
- 겁박하다 : 으르고 협박하다

* 아무리 으르고 을러도 그 일에 대해 그는 입을 꾹 다문 채 한마디도 하지 않았다.

* 그는 주먹을 쥐고 을러댔지만, 상대방은 한 발짝도 뒤로 물러서지 않았다.

* 사장은 실적이 나쁜 직원들은 당장 해고하겠다고 을러메었다.

* 그는 자신의 말을 듣지 않으면 나의 비밀을 만천하에 알리겠다고 협박했다.

* 조금만 화가 나도 종주먹을 들이대는 사람은 멀리해야 한다.

* 김 의원은 야당이 언론사를 돌아다니며 겁박하는 언동을 하고 있다고 지적했다.

ㅈ ㅊ

ㅎ

자랑하다

'자랑하다'를 대신할 수 있는 단어에는 무엇이 있을까?

∙∙∙

*   확실치도 않으면서 □□□□ 망신만 당했다.

*   그는 계약을 성공리에 성사시키고는
     □□□□□□ 사무실로 들어왔다.

*   그는 능력은 있지만 뭐든 □□□□ 같이 일하고
     싶어 하는 사람이 없다.

*   그는 여기저기에 주식으로 돈을 많이 벌었다고
     □□ 다닌다.

*   □□□ 좋은 사업보다 시민들에게 실질적으로
     필요한 사업을 발굴해 내야 합니다.

점심시간이 지나자 식당은 한산해졌다. 출입문 쪽 테이블에는 네다섯 살로 보이는 아이가 자기가 그린 그림을 엄마를 향해 자랑스럽게 팔락이고 있었다. 나와 마주 보는 테이블에는 이삼십 대로 보이는 사람들이 SNS에 올릴 양으로 이리저리 각도를 달리해 사진을 찍고 있었고, 이제 막 나온 음식들은 '찰칵' 소리가 날 때마다 포즈를 달리해 카메라에 담겼다. 그 옆 테이블에는 오륙십 대 사람들이 앉아 있었는데, 그들은 딸과 아들의 벌이를 주제로 한 자식 자랑에 여념이 없어 보였다. 식당이라는 한 공간에 모여 앉은 사람들은 이렇게 각기 다른 방식으로 자기가 가진 것을 자랑하거나 드러낼 준비를 하고 있었다.

'자랑하다'는 자기 자신 또는 자기와 관계있는 사람이나 물건, 일 따위가 썩 훌륭하거나 남에게 칭찬을 받을 만한 것임을 드러내어 말한다는 뜻이다. 유사한 단어로는 무엇이 있을까?

확실치도 않으면서 자랑하다 망신만 당했다.

… 자랑하더라도 할 만한 것에 대해서 해야 한다. 욕심만 앞서 자랑하면 망신을 당하기가 십상이다. 이때는 어울리지 않게 우쭐거리며 뽐낸다는 뜻의 '으스대다'를 써 보는 것이 어떨까? 잘 알지도 못하면서 으스대다 망신만 당하면 두고두고 창피할 일일 것 같다.

그는 계약을 성공리에 성사시키고는 자랑하며 사무실로
들어왔다.

… 목표한 바를 이루었다면 괜스레 여기저기 자랑을 하고 싶어진다. 일에서 큰 성과를 얻었다면 더욱더 자랑하고 싶을 것이다. 뜻한 바를 이루어 우쭐거리며 뽐낸다는 뜻의 '득의양양하다'를 이 상황에 써 보는 것은 어떨까? '그는 계약을 성공리에 성사시키고는 득의양양하게 사무실로 들어왔다'로 쓸 수 있겠다.

그는 능력은 있지만 뭐든 자랑하려고 해서 같이 일하고
싶어 하는 사람이 없다.

… 자랑도 정도를 넘어서면 잘난 체가 된다. 지나치게 뽐내며 잘난 체하는 사람에게 '젠체하다'라는 단어를 쓸 수 있다. '그

는 능력이 있긴 하지만 뭐든 젠체해서 같이 일하고 싶어 하는 사람이 없다'로 문장을 바꾸어 쓸 수 있겠다.

그는 여기저기에 주식으로 돈을 많이 벌었다고 <u>자랑하고</u> 다닌다.

… 주식으로 돈을 많이 벌었다고 자랑하며 으스대고 뽐내고 다니는 사람에게는 어떤 단어가 어울릴까? 이번에는 '재다' 를 떠올려 볼 수 있다. '주식으로 돈을 많이 벌었다고 재고 다닌다'와 같이 바꾸어 써 보자.

<u>자랑하기</u> 좋은 사업보다 시민들에게 실질적으로 필요한 사업을 발굴해 내야 합니다.

… 사람들 앞에 자기 이름을 날리고 내세우려고 할 때 쓸 수 있는 말에는 '뽐내다' 외에 무엇이 있을까? 바로 '낯내다'이 다. '수해 복구 현장의 여야 낯내기', '낯내기 행사', '정치인들 의 낯내기 민낯'과 같이 신문 기사에서도 자주 접할 수 있는 단어다.

그는 이번 일은 자기가 아니었으면 성공하지 못했을
거라며 한참을 <u>자랑했다</u>.

··· 자신이 한 일에 대해서 생색내면서 스스로 자랑한다는 뜻
의 단어가 있다. 바로 '공치사하다'이다. '그는 이번 일은 자기
가 아니었으면 성공 못 했을 거라며 공치사했다'로 바꾸어
쓰면 되겠다.

✲✲ 유의어 사전 ✲✲

◦ 으스대다 : 어울리지 않게 우쭐거리며 뽐내다

◦ 득의양양(得意揚揚)하다 : 뜻한 바를 이루어 우쭐거리며
뽐내다

◦ 젠체하다 : 잘난 체하다

◦ 재다 : 잘난 척하며 <u>으스대</u>거나 뽐내다

◦ 낯내다 : 다른 사람 앞에 당당히 나서거나 지나치게 자랑
하다

◦ 공치사(功致辭)하다 : 생색내며 스스로 자랑하다

* 확실치도 않으면서 으스대다 망신만 당했다.
* 그는 계약을 성공리에 성사시키고는 득의양양하게 사무실로 들어왔다.
* 그는 능력은 있긴 하지만 뭐든 젠체해서 같이 일하고 싶어 하는 사람이 없다.
* 그는 여기저기에 주식으로 돈을 많이 벌었다고 재며 다닌다.
* 낯내기 좋은 사업보다 시민들에게 실질적으로 필요한 사업을 발굴해 내야 합니다.
* 그는 이번 일은 자기가 아니었으면 성공하지 못했을 거라며 한참을 공치사했다.

정리하다

'정리하다'를 대신할 수 있는 단어에는 무엇이 있을까?

---

* 흐트러진 머리를 ☐☐☐☐ 밖으로 나갔다.

* 이렇게 줄줄 읽지 말고 ☐☐☐☐ 발표해. 무슨 말을 하고 싶은 건지 모르겠어.

* 손님들이 집에 도착하기 전에 신발장에 널브러진 신발들을 ☐☐☐☐ 시작했다.

* 다음 행사에도 쓸 물건들은 따로 잘 ☐☐☐☐ 두었다.

시험 전날, 방 정리를 시작하는 것은 나의 고질적인 습관이다. 널브러진 물건들과 줄곧 조화롭게 지내왔건만, 유독 시험 때만 되면 너저분함이 내 시야에 버젓이 들어와 사위를 장악해 버린다. 순식간에 물건들에 포위된 나는 늘 허둥지둥 쫓기듯 정리를 시작한다.

순박한 얼굴로 여유를 즐기라던 물건들은 왜 시험 때만 되면 정색을 하고선 정리를 하라고 나를 위협적으로 압박하는 것인가? 알다가도 모를 일이다.

'정리하다'는 '흐트러지거나 혼란스러운 상태에 있는 것을 한데 모으거나 치워서 질서 있는 상태가 되게 하다'라는 뜻이다. 나는 언제쯤 흐트러지거나 혼란스러운 상태의 물건들을 그때그때 알아채고 여유롭게 정리할 수 있을까?

흐트러진 머리를 정리하고 밖으로 나갔다.

… 집 앞 편의점에 잠시 갔다 온다고 하더라도 집 밖을 나간다고 하면 그래도 한 번쯤은 헝클어진 머리를 손가락 사이로 쓱쓱 내보내며 예의를 차려본다. 이처럼 손으로 만져서 삐죽 튀어나오거나 눌린 머리를 단정하게 만들 때 '정리하다' 대신 '가다듬다'를 쓸 수 있다. '가다듬다'는 몸가짐이나 자세 등을 단정하게 정리한다는 뜻으로 '옷매무새를 가다듬다', '머리를 가다듬다'와 같이 쓴다. 또한 '가다듬다'는 마음이나 정

신 등을 바로잡는다는 뜻으로도 쓴다. '정신을 가다듬고 다시 한번 해 봐'와 같이 쓸 수 있다. 여기에서는 '흐트러진 머리를 가다듬고 밖으로 나갔다'와 같이 쓰면 된다.

이렇게 줄줄 읽지 말고 <u>정리해서</u> 발표해. 무슨 말을 하고 싶은 건지 모르겠어.

… 발표를 잘하는 사람과 그렇지 않은 사람의 차이는 핵심적인 내용을 얼마나 잘 정리하느냐에 달려 있다. 아는 것을 말이나 글로 표현하려면 그 어느 때보다 생각을 잘 정리해야 하는데, 글이나 말에서 중요한 내용만을 골라서 정리할 때 사용할 수 있는 단어로 '간추리다'를 들 수 있다. '간추리다'는 글이나 말을 정리하는 상황 외에도 '흐트러진 것을 가지런히 정리하다'라는 뜻을 갖는다. '책상 위에 흩어져 있는 종이들을 간추렸다'가 그 예이다. 위의 문장에서는 '이렇게 줄줄 읽지 말고 간추려서 발표해'로 바꾸어 쓰면 되겠다.

손님들이 집에 도착하기 전에 신발장에 널브러진 신발들을 <u>정리하기</u> 시작했다.

… 널브러진 신발들을 정리할 때 쓸 수 있는 단어에는 무엇이 있을까? 이때는 '정돈하다'를 사용해 볼 수 있다. '정돈하다'는

어지럽게 흩어진 것을 가지런히 바로잡아 정리한다는 뜻으로 '주위를 정돈하다', '마음을 정돈하다'와 같이 쓸 수 있다.

다음 행사에도 쓸 물건들은 따로 잘 정리해 두었다.

… 다음 행사에도 써야 하는 물건들은 정리해서 보관까지 제대로 하는 것이 중요하다. '물건 따위를 잘 정리하거나 간수하다'라는 뜻의 단어가 있다. 바로 '갈무리하다'이다. '갈무리하다'는 '이번 만남에서는 사측과 갈등을 갈무리할 수 있었다'와 같은 문장에서도 사용할 수 있는데, 이때는 '일을 잘 처리하여 끝내다'라는 뜻을 갖는다.

⁂ 유의어 사전 ⁂

- 가다듬다 : 몸가짐이나 자세 등을 단정하게 정리하거나 마음과 정신 등을 바로잡다
- 간추리다 : 글에서 중요한 점을 간략하게 정리하거나 흐트러진 것을 가지런히 정리하다
- 정돈하다 : 어지럽게 흩어진 것을 가지런히 바로잡아 정리하다
- 갈무리하다 : 물건 따위를 잘 정리하거나 간수하다

* 흐트러진 머리를 가다듬고 밖으로 나갔다.

* 이렇게 줄줄 읽지 말고 간추려서 발표해. 무슨 말을 하고 싶은 건지 모르겠어.

* 손님들이 집에 도착하기 전에 신발장에 널브러진 신발들을 정돈하기 시작했다.

* 다음 행사에도 쓸 물건들은 따로 잘 갈무리해 두었다.

:42: 정리하다

조용하다

'조용하다'를 대신할 수 있는 단어에는 무엇이 있을까?

* 휴가철인데도 길에 사람이 없어 □□□□.

* 인기척 하나 없는 □□□ 골목길을 빠른 걸음으로
  걸어갔다.

* 동생이 유학을 떠나자 집안이 □□□□□.

* 한밤중에 □□□ 길을 혼자 운전하고 지나가는데
  등골이 오싹하더라고.

소란한 주위가 고요해지면 군더더기 취급을 받던 소리가 비로소 주인공으로 등장한다. 답안을 쓰는 학생이 분주하게 연필을 굴리며 내는 사각거림, 한적한 도서관에서 스르륵 책장 넘기는 소리, 한여름 밤 활짝 연 창문 사이로 새어 들어오는 사람들의 두런거림, 창문을 두드리는 후드득 빗소리. 이러한 소리의 조연들은 조용함이 밀려오고서야 비로소 제 목소리를 낸다.

조용함은 소외되었던 소리의 조연들이 반짝일 수 있게 도와준다. 이들이 주연이 되는 순간, 그제야 우리는 눈으로 다 담을 수 없었던 순간을 오롯하게 완성할 수 있다.

'조용하다'는 '아무런 소리도 들리지 않고 고요하다'라는 뜻이다. '조용하다'와 바꾸어 쓸 수 있는 말에는 무엇이 있을까?

휴가철인데도 길에 사람이 없어 <u>조용하다</u>.

… 사람이 적고 한가한 상황은 조용함과 맞닿아 있다. 휴가철 여행지라면 북적거릴 것으로 예상되지만, 사람이 없고 조용하다면 '바쁘지 않아 한가하고 조용하다'라는 뜻의 '한갓지다'를 쓸 수 있다. '이번 일이 끝나면 한갓진 곳에서 며칠 쉬다 오고 싶다', '휴가철인데도 길에 사람이 없어 한갓지다'와 같이 쓴다.

인기척 하나 없는 <u>조용한</u> 골목길을 빠른 걸음으로
걸어갔다.

… 오가는 사람 하나 없고 아무 소리도 들리지 않는 골목길은
왠지 사람을 두렵게 만든다. 이처럼 쓸쓸하거나 무서운 생각
이 들 만큼 조용할 때 쓰는 단어가 있다. 바로 '괴괴하다'이다.
'인기척 하나 없는 괴괴한 골목길을 빠른 걸음으로 걸어갔
다', '모두가 퇴근하고 난 후 사무실은 쥐 죽은 듯 괴괴했다'
와 같이 쓴다.

동생이 유학을 떠나자 집안이 <u>조용해졌다</u>.

… 든 자리는 몰라도 난 자리는 표가 난다. 늘 같이 있던 사람
이 떠나고 나면 남은 사람은 그 쓸쓸함과 고요함을 견디기가
힘들다. 조용함은 쓸쓸함과도 종종 함께 하는 단어 같다. 쓸
쓸하고 고요하다는 뜻의 '적요하다'를 이 문장에서 써 보는
것은 어떨까? '동생이 유학을 떠나자 집안이 적요해졌다'와
같이 말이다.

한밤중에 <u>조용한</u> 길을 혼자 운전하고 지나가는데 등골이
오싹하더라고.

… 나는 밤 운전을 싫어한다. 밤이 되면 빛 번짐이 심해져서

이기도 하지만 한갓진 시골길을 혼자 운전하다가 고생한 뒤로는 도시 한복판도 밤이라면 운전하고 싶지 않다. 후미져서 무서움을 느낄 만큼 조용하다면 '호젓하다'라는 단어를 써 보는 게 어떨까. '한밤중에 호젓한 길을 혼자 운전하고 지나가는데 등골이 오싹하더라고'와 같이 쓸 수 있다. 또한 '호젓하다'는 무서운 느낌이 들 때도 쓸 수 있지만 쓸쓸한 느낌이 들 만큼 조용할 때도 쓸 수 있다.

∗∗ 유의어 사전 ∗∗

- 한갓지다 : 한가하고 조용하다
- 괴괴하다 : 쓸쓸하거나 무서운 생각이 들 만큼 조용하다
- 적요하다 : 쓸쓸하고 고요하다
- 호젓하다 : 후미져서 무서움을 느낄 만큼 조용하다/쓸쓸한 느낌이 들 만큼 고요하다

* 휴가철인데도 길에 사람이 없어 한갓지다.

* 인기척 하나 없는 괴괴한 골목길을 빠른 걸음으로 걸어갔다.

* 동생이 유학을 떠나자 집안이 적요해졌다.

* 한밤중에 호젓한 길을 혼자 운전하고 지나가는데 등골이 오싹하더라고.

: 44 :

중요하다

'중요하다'를 대신할 수 있는 단어에는 무엇이 있을까?

* 회사 생활하는 데 □□□ 정보니까 기억해 둬.

* 이것이 비록 보잘것없어 보여도 그에겐 □□□ 물건이다.

* 이번 사안이 □□□□ 만큼 충분히 타진해 보고 진행해야 한다.

* 각계각층에서 내는 다양한 목소리는 사회 발전에 □□□□.

* 이번 프로젝트에서 □□□ 역할을 맡아 어깨가 무겁다.

아홉 살의 나로 돌아가 가장 중요한 것이 무엇이냐는 질문을 받는다면 나는 단박에 양배추 인형이라고 답할 것이다.

　할 일 없이 문방구 앞을 기웃대던 어느 가을이었다. 문방구 유리창에 진열된 장난감들은 뽀얗게 먼지가 쌓인 채 늘 같은 자리에 있었다. 무엇이 어디쯤 진열되어 있는지 속속들이 다 알고 있던 내 눈은 그날, 새빨간 머리칼의 양배추 인형에 가 멈춰 섰다. 이제 막 진열된 양배추 인형이 내뿜는 이질적인 아우라에 빛바랜 붙박이 장난감들은 기가 죽은 듯 보였다.

　'양배추 인형을 사야겠다.'

　그때부터 나는 용돈을 모으기 시작했다. 얼마 늘지도 않은 돈을 매일 밤, 세고 또 셌다. 행여 누군가 먼저 양배추 인형을 사 가면 어떡하나 걱정하다가도 이내 양배추 인형과 머릿속 놀이를 하며 낄낄댔다.

　어른이 되면서 물건에 의미나 기억을 덧댈 여유가 없어졌고, 시답잖은 자잘한 기억은 덜어냈다. 그것은 어른의 하루를 살아가는 나의 전략이었다. 기억을 잘라내 버리는 데 길든 내게 양배추 인형과 아홉 살의 나는 다행히 살아남아 있다. 양배추 인형이 없었다면 그때의 나는 기억에서 사라졌을지도 모르겠다.

　'귀중하고 꼭 필요하다'라는 뜻의 '중요하다'를 대신할 수 있는 단어에는 무엇이 있을까?

회사 생활하는 데 중요한 정보니까 기억해 둬.

… 입사 초기에는 선배들이 알려주는 정보들은 모두 새겨듣게 된다. 회사 생활하는 데 중요한 정보는 알아 두는 게 여러모로 편하다. 이때는 '꼭 필요하고 중요하다'라는 뜻의 '요긴하다'를 '중요하다' 자리에 대신 쓸 수 있겠다. '요긴할 때 쓰려고 비상금을 모았다', '회사 생활하는 데 요긴한 정보니까 기억해 둬'와 같이 쓴다.

이것이 비록 보잘것없어 보여도 그에겐 중요한 물건이다.

… 물건에 담긴 추억은 별것 아닌 물건도 귀하게 만들어 준다. 겉보기에 보잘것없어 보인다고 하찮게 여길 수는 없다. 여기에서는 '귀하고 중요하다'라는 뜻의 '귀중하다'를 쓸 수 있겠다. '나는 시간을 가장 귀중하게 생각하는 사람이다', '보잘것없어 보여도 그에게는 귀중한 물건이다'와 같이 쓴다.

이번 사안이 중요한 만큼 충분히 타진해 보고 진행해야 한다.

… 매우 중요하다는 뜻의 '중차대하다'라는 단어가 있다. '이번 사안이 중차대한 만큼'으로 바꾸어 쓰면 '중요하다'의 의미가 훨씬 더 부각되는 느낌이다. '중차대하다'를 쓰면 단순

히 '중요하다'를 쓸 때보다 사람들의 주목을 더 끌 수 있겠다.

   각계각층에서 내는 다양한 목소리는 사회 발전에
   중요하다.

… 여기에서도 '중요하다'의 의미를 한층 더 강렬하게 살려
보자. '없어서는 안 될 정도로 매우 필요하고 중요하다'라는
뜻의 '종요롭다'라는 단어가 있다. 흔히 쓰는 말은 아니지만,
순우리말 단어인 '종요롭다'를 쓰면 '중요하다'의 의미가 더
강조될 뿐만 아니라, 문장이 한결 더 신선하게 느껴진다.

   이번 프로젝트에서 중요한 역할을 맡아 어깨가 무겁다.

… 맡은 일, 역할, 책임감이 크고 중요할 때 주로 '막중하다'라
는 단어와 함께 쓴다. '막중하다'는 '더할 수 없이 중요하고
크다'라는 뜻으로 '막중한 책임감을 느끼고 사퇴를 결심했
다', '이번 프로젝트에서 막중한 역할을 맡아 어깨가 무겁다'
와 같이 쓴다.

✳✳ 유의어 사전 ✳✳

- 요긴하다 : 꼭 필요하고 중요하다
- 귀중하다 : 귀하고 중요하다
- 중차대하다 : 매우 중요하다
- 종요롭다 : 없어서는 안 될 정도로 매우 필요하고 중요하다
- 막중하다 : 더할 수 없이 중요하고 크다

✳ 회사 생활하는 데 요긴한 정보니까 기억해 둬.

✳ 이것이 비록 보잘것없어 보여도 그에겐 귀중한 물건이다.

✳ 이번 사안이 중차대한 만큼 충분히 타진해 보고 진행해야 한다.

✳ 각계각층에서 내는 다양한 목소리는 사회 발전에 종요롭다.

✳ 이번 프로젝트에서 막중한 역할을 맡아 어깨가 무겁다.

짐작하다

'짐작하다'를 대신할 수 있는 단어에는 무엇이 있을까?

- ✻ 그 사람에게 직접 물어봐. 그렇게 □□□□ 말고.
- ✻ 나보다 어릴 거라고 □□□□□□ 말을 놓았는데 알고 보니 선배였다.
- ✻ 앞으로 어떻게 될지 □□□ 시작해. 막무가내로 시작하지 말고.
- ✻ 자식을 잃은 부모의 슬픔은 감히 □□□ 수도 없다.
- ✻ □□□□ 보아도 100명은 넘는 사람들이 모였다.
- ✻ 부장님 마음에 들 때까지 계속 다시 하고 있어. 언제 끝날지 □□□ 수가 없네.

*　□□□ 봐도 열흘은 넘게 걸릴 일이야.

그는 내 카톡 메시지에 답을 하지 않았다. 읽고 답을 하지 않는 것을 '읽씹'이라고 하던가. 이전에도 그는 내 메시지를 '읽씹'한 적이 있다. 제안서가 첨부된 메시지였다. 그는 며칠이 지난 뒤에야 답을 보내왔다. 제안서의 내용이 빈약해서 채택할 수 없다는 메시지였다.

말풍선 옆 숫자 1이 사라진 지 한참이 지났는데도 그에게서 답이 없자, 수순을 밟듯 그날의 기억과 감정이 줄지어 불려왔다. 되돌아온 감정들이 헝클어 놓은 마음을 수습하는 대신 나는 내 짐작을 부풀리는 데에만 몰두하기 시작했다. 그가 메시지에 답을 하지 않는 것은 이번에도 내 작업의 결과가 마뜩잖아서일 거라고 기어이 넘겨짚고야 만 것이다.

'짐작하다'는 사정이나 형편 따위를 어림잡아 헤아린다는 뜻이다. 이 생각, 저 생각을 그러모아 오묘한 색을 만들어 버리는 '짐작하다'. 이와 비슷한 단어에는 무엇이 있을까?

그 사람에게 직접 물어봐. 그렇게 짐작만 하지 말고.
… 정확히 알지 못하고 짐작으로 판단한다는 뜻의 '넘겨짚다'가 있다. 넘겨짚어 걱정만 하고 있을 때가 종종 있다. 그런 사

람에게는 이런 말을 해 줘야 할 것 같다. '직접 물어봐. 그렇게 넘겨짚지 말고'라고 말이다.

　나보다 어릴 거라고 <u>짐작하고</u> 말을 놓았는데 알고 보니
　선배였다.

… 여기에서는 '지레짐작하다' 또는 '어림짐작하다'를 대신 사용해 봐도 좋겠다. 어떤 일이 일어나기 전이라는 뜻의 '지레'와 함께 쓴 '지레짐작하다'는 어떤 일이 일어나기 전에 성급하게 미리 헤아린다는 뜻이다. 한편, '어림짐작하다'는 '대강 헤아려서 짐작하다'라는 뜻으로 '나보다 어릴 거라고 지레짐작하고/어림짐작하고 말을 놓았는데 알고 보니 선배였다'로 쓸 수 있겠다.

　앞으로 어떻게 될지 <u>짐작이라도</u> 해 보고 시작해.
　막무가내로 시작하지 말고.

… 어떤 형편이나 기회에 대해 마음속으로 가늠한다는 뜻의 단어로 '깐보다'가 있다. '깐보다'는 남의 속을 떠본다는 뜻도 갖고 있다. 흔히 '간보다'로 잘못 사용할 때가 많으나 '깐보다'가 맞는 말이다. '앞으로 어떻게 될지 깐보고 시작해. 막무가내로 시작하지 말고'와 같이 바꾸어 쓰면 된다.

자식을 잃은 부모의 슬픔은 감히 <u>짐작할</u> 수도 없다.

… 여기에서는 '헤아리다'라는 단어가 떠오른다. 자식을 잃은 부모의 슬픔은 그 어떤 것에도 비추어 생각할 수 없을 정도의 아픔일 것이다. '헤아리다'는 '수량을 세다' 또는 '다른 것에 비추어 생각하거나 짐작하여 살핀다'라는 뜻으로, 주로 '심중을 헤아리다', '마음을 헤아리다', '슬픔을 헤아리다'와 같이 사용한다.

대강 <u>짐작해</u> 봐도 100명은 넘는 사람들이 모였다.

… 이 문장에서는 '짐작하다'의 자리에 '얼추잡다', '어림잡다', '눈짐작하다'를 대신 쓸 수 있겠다. '얼추잡다'는 '대강 짐작하여 정하다'라는 뜻이며 '어림잡다'는 대강 짐작으로 헤아려 본다는 뜻이다. '눈짐작하다'는 크기나 수량, 상태 등을 눈으로 보아 대강 짐작해 헤아려 본다는 의미다.

부장님 마음에 들 때까지 계속 다시 하고 있어. 언제 끝날지 <u>짐작할</u> 수가 없네.

… 부장님의 마음은 알 길이 없으니 언제 끝날지 짐작할 수가 없을 것이다. 대강 어림잡아 헤아린다는 뜻의 '대중하다'라는 단어가 있다. 여기서는 '언제 끝날지 대중할 수가 없네'로 바

꾸어 쓰면 된다. 겉으로만 보고 하는 대강의 짐작인 '겉대중',
눈으로 보아 어림잡아 헤아린다는 '눈대중', 손으로 쥐거나
들어 보아 어림하는 헤아림인 '손대중'과 같은 단어도 자주
사용한다.

　대충 짐작해 봐도 열흘은 넘게 걸릴 일이야.

… 겉으로만 보고 대강 짐작해 헤아린다는 '겉잡다'를 여기에
써 볼 수 있겠다. '겉잡다'는 주로 '겉잡아도'의 형태로 쓴다.

⁂ 유의어 사전 ⁂

- 넘겨짚다 : 정확히 알지 못하고 짐작으로 판단하다
- 지레짐작하다 : 어떤 일이 일어나기 전에 성급하게 미리
　헤아리다
- 어림짐작하다 : 대강 헤아려서 짐작하다
- 깐보다 : 어떤 형편이나 기회에 대해 마음속으로 가늠하다
- 헤아리다 : 다른 것에 비추어 생각하거나 짐작하여 살피다
- 얼추잡다 : 대강 짐작하여 정하다
- 어림잡다 : 대강 짐작으로 헤아려 보다
- 눈짐작하다 : 크기나 수향, 상태 등을 눈으로 보아 대강
　짐작해 헤아려 보다

- 대중하다 : 대강 어림잡아 헤아리다
- 겉대중 : 겉으로만 보고 하는 대강의 짐작
- 눈대중 : 눈으로 보아 어림잡아 헤아림
- 손대중 : 손으로 쥐거나 들어 보아 어림하는 헤아림
- 겉잡다 : 겉으로만 보고 대강 짐작해 헤아리다

---

* 그 사람에게 직접 물어봐. 그럴 거라고 넘겨짚지 말고.

* 나보다 어릴 거라고 지레짐작하고 / 어림짐작하고 말을 놓았는데 알고 보니 선배였다.

* 앞으로 어떻게 될지 깐보고 시작해. 막무가내로 시작하지 말고.

* 자식을 잃은 부모의 슬픔은 감히 헤아릴 수도 없다.

* 얼추잡아 / 어림잡아 / 눈짐작해 보아도 100명은 넘는 사람들이 모였다.

* 부장님 마음에 들 때까지 계속 다시 하고 있어. 언제 끝날지 대중할 수가 없네.

* 겉잡아 봐도 열흘은 넘게 걸릴 일이야.

초췌하다

'초췌하다'를 대신할 수 있는 단어에는 무엇이 있을까?

* 민서한테 무슨 일 있었어? 오랜만에 봤는데 얼굴이
  ☐☐☐☐☐☐.

* 밥 잘 먹고 다녀. 얼굴이 ☐☐☐☐.

* ☐☐☐ 얼굴로 휘청거리며 걷는 그는 금방이라도
  쓰러질 것 같았다.

* 몇 날 며칠 밤을 새우며 일한 그의 눈이
  ☐☐☐☐☐.

어쩐지 설레어서 공들여 치장하고 나가고 싶은 날이 있다. 그날도 그런 날이었다. 선팅된 어느 차창에 비치는 내 모습을 곁눈으로 슬쩍 훑어봤다. 흡족한 마음에 그 어느 때보다도 기운차게 사무실로 걸어 들어가려던 찰나였다.

"어디 아파요? 왜 이렇게 초췌해 보여."

멈칫하며 나를 미화했던 시선을 엉거주춤 거두어들였다. 머쓱해진 마음은 곧이어 부질없는 심통을 불렀다. 왜 하필 오늘 같은 날, 대체 어디가 초췌해 보여서 그러느냐는 구시렁거림이 귓가를 뱅글뱅글 떠다녔다.

내 감정의 낙차는 '초췌하다'라는 단어가 불러들인 결과였다. 고생하거나 병에 걸려서 살이 빠지고 얼굴에 핏기가 없다는 뜻의 '초췌하다'. 사실이든 아니든 기운을 쏙 빼놓는, 달갑지 않은 단어다.

민서한테 무슨 일 있었어? 오랜만에 봤는데 얼굴이 초췌하더라고.

… 오랜만에 만나면 변화가 눈에 더 쉽게 보인다. 근황을 몰랐던 지인의 얼굴이 많이 상해 있다면 그간 무슨 일이 있었던 건지 걱정이 앞설 것이다. 몸이 몹시 마르고 기운이 없어

보일 때, '초췌하다'를 대신해 쓸 수 있는 단어로는 '수척하다'가 있다. '민서한테 무슨 일 있었어? 오랜만에 봤는데 얼굴이 수척하더라고'와 같이 바꿔 쓰면 된다.

밥 잘 먹고 다녀. 얼굴이 초췌하네.

… 엄마와 전화를 하면 늘 밥 얘기다. 딸과 할 말이 그것밖에 없나 싶어 전화의 마지막은 늘 짜증 섞인 '알겠다'로 끝나곤 했다. 이제 나는 엄마의 '밥' 인사에는 '영양소'를 넘어서는 그 이상의 것이 담겨 있음을 안다. 밥 잘 먹고 다니라는 말은 애정에서 비롯된 모든 걱정과 관심이 들어있는 인사말인 것이다.

며칠 굶거나 한동안 제대로 먹지 않으면 얼굴에 생기가 없어질 것이다. 이때는 얼굴이 마르고 핏기가 없다는 뜻의 '핼쑥하다'를 쓸 수 있겠다. '핼쑥하다'는 맞춤법이 틀리기 쉬운 단어로 유명하다. '헬쑥하다'로 쓰지 않도록 주의하자. '핼쑥하다'와 유사한 뜻을 가진 '해쓱하다'도 있다. '해쓱하다'는 '얼굴에 핏기나 생기가 없고 창백하다'라는 뜻이다. '밥 잘 먹고 다녀. 얼굴이 핼쑥하네/해쓱하네'로 쓰면 되겠다. 어디선가 엄마의 잔소리 섞인 목소리가 들려오는 듯하다.

초췌한 얼굴로 휘청거리며 걷는 그는 금방이라도 쓰러질
것 같았다.

… 초췌한 몰골로 휘청거리며 걷는 사람이 있으면 달려가 부
축을 해 줘야 할 것만 같다. 몸이 마르고 얼굴이나 피부에 핏
기가 전혀 없다는 뜻의 단어가 있다. '파리하다'이다. '파리한
얼굴로 휘청거리며 걷는 그는 금방이라도 쓰러질 것 같았다'
로 쓰면 되겠다. '파리하다'에 '강'자가 붙은 '강파리하다'도 있
다. '강'이 더해졌으니 '파리하다'보다 훨씬 더 마르고 창백한
느낌을 준다.

몇 날 며칠 밤을 새우며 일한 그는 초췌해졌다.
… '눈이 초췌하다'라는 말은 쓰지 않는다. 그러나 피곤하거
나 힘이 들 때 가장 적극적으로 티를 내는 곳은 아마도 눈이
아닐까 싶다. 몇 날 며칠 밤을 새우게 된다면 아마도 눈이 쑥
들어가고 퀭해질 것이다. '눈이 쑥 들어가고 생기가 없다'라
는 단어로 '떼꾼하다'가 있다. 여기에서 '초췌하다'를 '떼꾼하
다'로 바꿔 써 본다면 '몇 날 며칠 밤을 새우며 일한 그의 눈
이 떼꾼해졌다'로 고쳐 쓸 수 있겠다.

∴ 유의어 사전 ∴

○ 수척하다 : 몸이 몹시 마르고 기운이 없다

○ 햇쑥하다 : 얼굴이 마르고 핏기가 없다

○ 해쓱하다 : 얼굴에 핏기나 생기가 없고 창백하다

○ 파리하다 : 몸이 마르고 얼굴이나 피부에 핏기가 전혀 없다

○ 떼꾼하다 : 눈이 쑥 들어가고 생기가 없다

＊   민서한테 무슨 일 있었어? 오랜만에 봤는데 얼굴이
      수척하더라고.

＊   밥 잘 먹고 다녀. 얼굴이 햇쑥하네 / 해쓱하네.

＊   파리한 / 강파리한 얼굴로 휘청거리며 걷는 그는
      금방이라도 쓰러질 것 같았다.

＊   몇 날 며칠 밤을 새우며 일한 그의 눈이 떼꾼해졌다.

허전하다

'허전하다'를 대신할 수 있는 단어에는 무엇이 있을까?

* 일을 다 끝내고 나니 이상하게도 마음 한구석이
  □□□.

* 함께 지내던 친구가 고향으로 돌아가자 집이
  □□□□□□.

* 텅 빈 집에서 혼자 맞이하는 새벽은 참으로
  □□□□,

* 부모님이 안 계신 명절을 보내니 마음이
  □□□□□.

기억은 그의 빈자리를 허락하지 않았다. 여물게 짜낸 행주로 식탁을 이리저리 훔치고, 소파에 등을 대고 앉아 무심히 텔레비전 채널을 돌리고, 나를 싱긋이 내려다보던 그 사소한 기억들이 서둘러 그의 빈자리에 들어찼다. 기억만이 건재하는 공간은 그의 부재를 내게 선명하게 되새길 뿐, 채워질 듯 채워지지 않아 서럽기만 하다.

텅 비어버린 자리를 기억으로만 메워야 할 때 우리는 허전함을 느낀다. '주위에 아무것도 없어서 공허한 느낌이 있다', '무엇을 잃거나 의지할 곳이 없어진 것같이 서운한 느낌이 있다'라는 뜻의 '허전하다'를 대신할 수 있는 단어에는 무엇이 있을까?

일을 다 끝내고 나니 이상하게도 마음 한구석이 <u>허전했다.</u>

… 한동안 해 오던 일을 마무리하고 나면 어쩐지 허전한 마음이 든다. 딱히 즐긴 것 같지도 않은데도 말이다. 계속될 줄로만 알았던 일상의 한 부분이 더 이상 반복되지 않을 때, 어느샌가 사라졌을 때 마음은 텅 비어버리고 만다. 이때에는 '휑하다'라는 단어를 '허전하다' 대신 사용해 볼 수 있겠다. '휑하다'는 막힘 없이 환하거나 시원스럽게 뚫려 있을 때도 사용하지만, '허전하다'를 대신할 때는 '속이 비고 넓기만 해 매우 허전하다'라는 뜻으로 생각하면 되겠다. 여기에서는 '일을 다

끝내고 나니 이상하게도 마음 한구석이 휑했다'로 써 보자.

함께 지내던 친구가 고향으로 돌아가자 집이 <u>허전했다.</u>
… 떠나간 사람이 남긴 빈자리는 늘 우리를 쓸쓸하게 한다. '휑뎅그렁하다'는 '휑하다'와 더불어 빈자리에서 오는 허전함을 잘 표현해 주는 단어이다. '휑뎅그렁하다' 역시 속이 비고 넓기만 해서 매우 허전하다는 뜻을 갖는다. '함께 지내던 친구가 고향으로 돌아가자 집이 휑뎅그렁했다'라고 바꾸어 써 볼 수 있겠다.

텅 빈 집에서 혼자 맞이하는 새벽은 참으로 <u>허전하다.</u>
… '허전하다'에 공허함을 더 깊게 보태면 어떤 단어가 될까? 아마도 '휘영하다'가 될 것 같다. 마음이 텅 비어 걷잡을 수 없이 허전하다는 뜻의 '휘영하다'. 어스름한 새벽을 홀로 맞이하는 허전함이 단어에 고스란히 묻어 있는 것만 같다. 이 문장에서는 '텅 빈 집에서 혼자 맞이하는 새벽은 참으로 휘영하다'라고 바꾸어 쓰면 되겠다.

부모님이 안 계신 명절을 보내니 마음이 <u>허전하다</u>.

… 그 자리에 늘 있을 줄 알았던 대상이 없을 때 우리는 허전하고 서운함을 느낀다. 공허함과 허전함과 서운함이 공존할 때 '허전하다'를 대신할 수 있는 말로 '허우룩하다'가 있다. 여기에서는 '부모님이 안 계신 명절을 보내니 마음이 허우룩하다'라고 바꾸어 쓸 수 있다.

✲✲ 유의어 사전 ✲✲

- 휑하다 : 속이 비고 넓기만 하여 매우 허전하다

- 휑뎅그렁하다 : 속이 비고 넓기만 하여 매우 허전하다

- 휘영하다 : 마음이나 공간이 텅 비어 걷잡을 수 없이 허전하다

- 허우룩하다 : 마음이 텅 빈 것 같이 허전하고 서운하다

* 일을 다 끝내고 나니 이상하게도 마음 한구석이 휑하다.

* 함께 지내던 친구가 고향으로 돌아가자 집이 휑뎅그렁하다.

* 텅 빈 집에서 혼자 맞이하는 새벽은 참으로 휘영하다.

* 부모님이 안 계신 명절을 보내니 마음이 허우룩하다.

혼내다

'혼내다'를 대신할 수 있는 단어에는 무엇이 있을까?

* 다 같이 잘못을 저질렀는데 선생님은 나만
  □□□□□.

* 김 부장은 변명만 늘어놓는 박 대리를 □□□□
  시작했다.

* 아이가 모르고 한 거니까 그렇게 □□□□ 마세요.

* 이 부장은 김 대리가 지각했다는 이유로 30분간
  쉬지도 않고 □□□□.

* 다른 직원들 앞에서 큰소리로 □□□□ 것도 직장
  내 괴롭힘에 해당한다.

* 선배는 그의 뻔뻔스러운 태도를 보고 따끔하게 □□□□.

'널 위해서'라는 포장이 무색하게, 한번 내뱉고 난 쓴소리는 늘 꺼림칙한 뒤끝을 남긴다. 내가 네 선배니까, 내가 너보다 더 잘 아니까 가르쳐 주겠다는 선심이 어쩌면 내 화풀이의 겉치레였을지도 모른다는 자각이 그제야 들어서일까.

에워싸인 '화'에서 출발한 옹졸한 '혼냄'이 되지 않기를 바라지만 번번이 실패하고 만다. '윗사람이 아랫사람의 잘못에 대하여 호되게 나무라거나 벌을 주다'라는 뜻의 '혼내다'. 이와 갈음할 수 있는 말에는 무엇이 있을까?

다 같이 잘못을 저질렀는데 선생님은 나만 <u>혼내셨다</u>.
… '혼내다'와 가장 흔히 바꾸어 쓸 수 있는 말로 '꾸짖다', '꾸중하다', '꾸지람하다'를 들 수 있다. 이 세 단어는 모두 윗사람이 아랫사람의 잘못에 대하여 엄하게 혼내거나 나무란다는 뜻을 지닌다. 위 문장에서는 이 세 단어 중 무엇으로 바꾸어 써도 잘 어울린다. '다 같이 잘못을 저질렀는데 선생님은 나만 꾸짖으셨다/꾸중하셨다/꾸지람하셨다'로 써 보자.

김 부장은 변명만 늘어놓는 박 대리를 <u>혼내기</u> 시작했다.

… 잘못을 꾸짖되, 잘 알아듣게 말해 줄 때 쓸 수 있는 단어로 '나무라다'가 있다. '나무라다' 역시 '혼내다'의 자리를 쉽게 대신할 수 있는 단어다. '김 부장은 변명만 늘어놓는 박 대리를 나무라기 시작했다'와 같이 바꾸어 쓰면 된다.

아이가 모르고 한 거니까 그렇게 <u>혼내지</u> 마세요.

… 아이들이 몰라서 저지른 잘못에 큰소리를 치며 혼내 봐야 별 소득이 없을 것 같다. 소리를 높여서 호되게 꾸짖을 때 '야단치다'를 쓸 수 있다. 이때 '호통치다'도 이와 더불어 사용할 수 있는데, '호통치다'는 '크게 꾸짖거나 혼을 내다'라는 뜻이다. '아이가 모르고 한 거니까 그렇게 야단치지/호통치지 마세요'라고 써 볼 수 있겠다.

이 부장은 김 대리가 지각했다는 이유로 30분간 쉬지도 않고 <u>혼냈다.</u>

… 30분간 쉬지도 않고 혼이 나는 상황은 상상만 해도 정신이 혼미해진다. 반대로 30분간 혼을 내는 상황도 마찬가지다. '혼냄'이 화풀이가 되지 않으려면 짧고 명료한 것이 좋겠다. 이 문장에서는 잘못을 엄하게 꾸짖어 나무란다는 뜻의

'질책하다'를 써 보자.

　　다른 직원들 앞에서 큰소리로 <u>혼내는</u> 것도 직장 내
　　괴롭힘에 해당한다.

… 여기에서는 '힐책하다'라는 단어를 생각해 볼 수 있겠다.
'힐책하다'는 잘못된 점을 하나하나 따져가며 나무랄 때 쓸
수 있다. '다른 직원들 앞에서 큰소리로 힐책하는 것도 직장
내 괴롭힘에 해당한다'라고 바꾸어 쓰면 되겠다.

　　선배는 그의 뻔뻔스러운 태도를 보고 따끔하게 <u>혼냈다.</u>

… 한 번 큰소리로 꾸짖을 때 '일갈하다'라는 단어를 쓴다. 단
호하고 따끔하게 혼을 내는 상황에 잘 어울리는 단어다. '선
배는 그의 뻔뻔스러운 태도를 보고 따끔하게 일갈했다'와 같
이 바꾸어 쓸 수 있다.

⁑ 유의어 사전 ⁑

　○ 꾸짖다/꾸중하다/꾸지람하다 : 윗사람이 아랫사람의
　　　잘못에 대하여 엄하게 혼내거나 나무라다

　○ 나무라다 : 잘못을 꾸짖어 잘 알아듣게 말하다

○ 야단치다 : 소리를 높여서 호되게 꾸짖다

○ 호통치다 : 크게 꾸짖거나 혼을 내다

○ 질책하다 : 잘못을 엄하게 꾸짖어 나무라다

○ 힐책하다 : 잘못된 점을 하나하나 따져 가며 나무라다

○ 일갈하다 : 한 번 큰소리로 꾸짖다

---

* 다 같이 잘못을 저질렀는데도 선생님은 나만
  꾸짖으셨다 / 꾸중하셨다 / 꾸지람하셨다.

* 김 부장은 변명만 늘어놓는 박 대리를 나무라기
  시작했다.

* 아이가 모르고 한 거니까 그렇게 야단치지 /
  호통치지 마세요.

* 이 부장은 김 대리가 지각했다는 이유로 30분간
  쉬지도 않고 질책했다.

* 다른 직원들 앞에서 큰소리로 힐책하는 것도 직장
  내 괴롭힘에 해당한다.

* 선배는 그의 뻔뻔스러운 태도를 보고 따끔하게
  일갈했다.

힘들다

'힘들다'를 대신할 수 있는 단어에는 무엇이 있을까?

* 그는 제대로 쉰 날이 언젠지 기억도 안 날 정도로
  □□□ 생활을 하고 있다.

* 이직한 회사에서의 일이 □□□ 민수는 집에
  돌아오면 늘 쓰러져 잠든다.

* 밤을 새워 일하고 집으로 돌아가는데 □□□□
  제대로 걸을 수도 없었다.

* 어렵고 복잡한 일이라 처음에는 □□□□□□
  하다 보니 곧 익숙해졌다.

어스름하게 지는 해가 벽을 타고 손등 위로 내려앉았다. 빛줄기는 자를 대고 그은 듯 똑발랐다. 주먹을 쥐었다 폈다 손등을 이리저리 움직여 보아도 빛줄기는 꼿꼿하게 세운 허리를 끝끝내 굽히지 않았다. 곧은 빛줄기는 이내 날 선 얼음 조각이 되어 내 손등을 저밀 것만 같았다. 세상의 한기에 지치고 힘든 날은 무심히 내려선 빛줄기에도 이렇게 마음이 상하고 만다.

우리는 종일 힘들다는 말을 얼마나 많이 하고 지낼까. '힘들다'는 내 무의식의 저변 가장 앞자리에 진열되어 있는 단어일지도 모른다. 생각이 말이 되어 나오는 통로가 이보다 더 짧은 단어가 있을까.

'힘이 쓰이는 면이 있다', '마음이 쓰이거나 수고가 되는 면이 있다'의 뜻을 지닌 '힘들다'. 나도 모르게 툭툭 내미는 말, '힘들다'와 바꾸어 쓸 수 있는 말에는 무엇이 있을까?

그는 제대로 쉰 날이 언젠지 기억도 안 날 정도로 <u>힘든</u>
생활을 하고 있다.

… 제대로 쉬지도 못하고 한동안 일만 하며 지내면 지치고 힘들 수밖에 없다. 몸이나 처지 또는 하는 일이 매우 힘들고 어려울 때 쓸 수 있는 단어로 '고달프다'를 떠올려 보자. '그는 제대로 쉰 날이 언젠지 기억도 안 날 정도로 고달픈 생활을

하고 있다'로 바꾸어 쓰면 되겠다.

　이직한 회사에서의 일이 힘든지 민수는 집에 돌아오면 늘
　쓰러져 잠든다.

… 하는 일이 힘겨울 때, 육체적 정신적으로 하는 일이 괴롭고
힘들 때 '고달프다' 외에 쓸 수 있는 단어로는 '고되다'가 있다.
비가 오나 눈이 오나 출근을 하고 노동을 하며 살아가는 우리
의 삶은 고되다. '이직한 회사에서의 일이 고된지 민수는 집
에 돌아오면 늘 쓰러져 잠든다'와 같이 바꾸면 되겠다.

　밤을 새워 일하고 집으로 돌아가는데 힘들어서 제대로
　걸을 수도 없었다.

… 밤을 새우고 난 아침은 머릿속이 잿빛 안개로 가득 찬 것
같다. 분명 생각을 하고 있는데 그 생각이 무엇인지 또렷하게
보이지 않는 느낌이랄까. 이런 상태를 잘 표현해 주는 단어
가 있다. '혼곤하다'이다. '혼곤하다'는 '정신이 흐릿하고 고달
프다'라는 뜻의 단어이다. '밤을 새워 일하고 집으로 돌아가
는데 혼곤해서 제대로 걸을 수도 없었다'와 같이 쓸 수 있다.

어렵고 복잡한 일이라 처음에는 힘들었지만 하다 보니 곧 익숙해졌다.

… 어렵고 복잡한 일이라면 일을 해 나가기가 힘들고 고될 것이다. 이처럼 일을 해 나가기가 매우 힘들고 고되다는 뜻의 단어로는 무엇이 있을까? '각다분하다'이다. 힘든 일을 해 나가는 상황에서 순우리말인 '각다분하다'를 써 보는 것은 어떨까?

✲ 유의어 사전 ✲

○ 고달프다 : 몸이나 처지 또는 하는 일이 매우 힘들고 어렵다

○ 고되다 : 육체적, 정신적으로 하는 일이 괴롭고 힘들다

○ 혼곤하다 : 정신이 흐릿하고 고달프다

○ 각다분하다 : 일을 해 나가기가 매우 힘들고 고되다

* 그는 제대로 쉰 날이 언젠지 기억도 안 날 정도로 고달픈 생활을 하고 있다.

* 이직한 회사에서의 일이 고된지 민수는 집에 돌아오면 늘 쓰러져 잠든다.

* 밤을 새워 일하고 집으로 돌아가는데 혼곤해서 제대로 걸을 수도 없었다.

* 어렵고 복잡한 일이라 처음에는 각다분했지만 하다 보니 곧 익숙해졌다.

힘없다

'힘없다'를 대신할 수 있는 단어에는 무엇이 있을까?

---

* 폭우로 댐마저 붕괴됐지만 사람들은 그저
  □□□□ 바라볼 수밖에 없었다.

* 연거푸 시험에서 떨어진 지수는 요 며칠 계속
  □□□ 지내고 있다.

* 오후만 되면 졸음이 쏟아져 □□□□ 책상에
  기대앉아 있다.

* 감기에 걸려서 그런지 □□□□□ 종일 누워 있었다.

* 출장을 마치고 집으로 돌아오니 화초가 □□□□
  있었다.

아무리 기운을 내려고 해도 힘없이 축 처질 때가 있다. 한 번 가라앉은 기운은 몇 날 며칠 마음속 방구석에 콕 처박혀 나올 생각을 하지 않는데, 그럴 때마다 머릿속에선 한차례 소동이 일어난다.

'이러고 있을 때가 아니야. 힘내, 힘을 내라고! 이렇게 맥없이 있으면 안 돼.'

'힘이 없는데 대체 무슨 힘을 내라는 거야. 나도 할 만큼 했다고.'

양끝 마음이 떠들썩하게 언쟁을 벌이기 시작하면 나는 누구의 손을 들어줘야 할지 몰라서 한 발짝 물러서 어물거리고만 있다.

아무것도 할 수 없을 만큼 힘없다고 느낄 때 누군가 이렇게 말해 주면 좋겠다. 지금도 충분하다고. 지금 당장 힘내지 않아도 된다고. 시간은 아직 충분하다고. 하다가 안 되면 그만둬도 된다고 말이다.

'힘없다'는 '기운이나 의욕 따위가 없다'라는 뜻을 갖는다. 어떤 일을 해 나갈 힘이나 의욕이 없는 상황과 몸이 축 처져서 기운이 없는 상황에 모두 사용할 수 있다. '힘들다'와 비슷한 어떤 말들이 있을까?

폭우로 댐마저 붕괴되었지만 사람들은 그저 힘없이 바라볼 수밖에 없었다.

… 자연재해를 마주한 인간은 힘을 잃고 만다. 세상 모든 것을 통제하고 바꾸며 살아갈 수 있을 듯 기고만장하던 그 기세는 온데간데없어진다. 내 눈앞에서 벌어진 일들에 내가 아무것도 할 수 없을 때 우리는 무력감을 느낀다. '힘이 약하거나 없다'라는 뜻의 '무력하다'를 떠올려 볼 수 있겠다. 여기에서는 '폭우로 댐마저 붕괴되었지만 사람들은 그저 무력하게 바라볼 수밖에 없었다'로 쓰면 된다.

연거푸 시험에서 떨어진 지수는 요 며칠 계속 힘없이 지내고 있다.

… 연달아 시험에서 떨어지는 것만큼 사람들 좌절시키고 힘 빠지게 만드는 일이 있을까. '기운이 없다'라는 뜻의 '맥없다'가 이 상황에 꼭 맞겠다. '연거푸 시험에서 떨어진 지수는 요 며칠 계속 맥없이 지내고 있다'로 바꿀 수 있다.

오후만 되면 졸음이 쏟아져 힘없이 책상에 기대앉아 있다.

… 오후 세 시만 되면 졸음이 들이닥치기 시작한다. 잠시라도 눈을 붙일 수 있으면 좋으련만 대부분 그럴 여유도, 장소도

마땅치 않다. 그저 할 수 있는 일이라곤 힘없이 책상에 기대 앉아 있는 수밖에 없다. 맥이 풀리거나 고단하여 몹시 기운 이 없을 때 쓸 수 있는 말로 '느른하다'가 있다. '느른하다'는 흔히 알고 있는 말, '나른하다'와 동일한 뜻을 가진 단어다.

감기에 걸려서 그런지 힘없이 종일 누워 있었다.

… 감기에 걸리면 온몸에 힘이 없고 나른해진다. 기운이 없고 나른하다는 뜻의 순우리말, '매시근하다'가 있다. '감기에 걸 려서 그런지 매시근해서 종일 누워 있었다'와 같이 쓰면 되 겠다.

**출장을 마치고 집으로 돌아오니 화초가 힘없이 처져
있었다.**

… 기운을 차리지 못하고 힘없이 축 처진 모습을 연상시키는 단어가 있다. '시르죽다'이다. '시르죽다'는 기운을 차리지 못 하거나 기를 펴지 못한다는 뜻으로 힘없이 시든 모습을 연상 시킨다. '출장을 마치고 집으로 돌아오니 화초가 시르죽어 있었다', '엄마에게 혼이 난 아이는 시르죽은 채 눈치를 보고 있었다'로 바꾸어 쓸 수 있다.

○ 무력하다 : 힘이 약하거나 없다

○ 맥없다 : 기운이 없다

○ 느른하다 : 맥이 풀리거나 고단하여 몹시 기운이 없다

○ 매시근하다 : 기운이 없고 나른하다

○ 시르죽다 : 기운을 차리지 못하거나 기를 펴지 못하다

---

* 폭우로 댐마저 붕괴됐지만 사람들은 그저 무력하게
바라볼 수밖에 없었다.

* 연거푸 시험에서 떨어진 지수는 요 며칠 계속
맥없이 지내고 있다.

* 오후만 되면 졸음이 쏟아져 느른하게 책상에
기대앉아 있다.

* 감기에 걸려서 그런지 매시근해서 종일 누워
있었다.

* 출장을 마치고 집으로 돌아오니 화초가 시르죽어
있었다.

나의 말과 글이 특별해지는

어른의 어휘 공부

초판 1쇄 발행 2022년 6월 30일
　　　11쇄 발행 2024년 7월 5일

지은이　　　신효원
펴낸이　　　신호정
편 집　　　전유림, 이미정
마케팅　　　이혜연
디자인　　　김태양

펴낸곳　　　(주)책장속북스
신고번호　　제 2024-000027호
주소　　　　서울시 송파구 양재대로71길 16-28 원당빌딩 4층
대표번호　　02)2088-2887
팩스　　　　02)6008-9050
Instagram　@chaegjang_books
이메일　　　chaeg_jang@naver.com

ISBN　　　979-11-91836-08-0 03190